Gabriel Fauré
50 Songs

High Voice

D1292155

Edited by Laura Ward and Richard Walters

translations by Perry Gethner

corrected edition

On the cover: Georges Seurat, French, 1859-1891, *A Sunday Afternoon on La Grande Jatte* - 1884, oil on canvas, 1884-86, 207.5 x 308 cm, Helen Birch Bartlett Memorial Collection, 1926.224 © 1995, The Art Institute of Chicago, All Rights Reserved.

ISBN 0-7935-3406-2

7777 W. BLUEMOUND RD. P.O. BOX 13819 MILWAUKEE, WI 53213

Contents

Preface

Gabriel Fauré (1845-1924) composed approximately 100 songs throughout his life. His first works for voice and piano date from his student days at the École Niedermeyer. At this point he was most attracted to the romantic poets, such as Victor Hugo. These early songs can be termed *romances*, are generally strophic in form, and include "Mai," "Dans les ruines d'une abbaye," "Rêve d'amour," and "Les Matelots." Fauré's most important advance as a song composer with a more mature, personal style came with "Lydia," composed c1870. In the 1880s he was drawn to the symbolists, the Parnassian poets and, most profoundly, to Verlaine. The composer's song composition became more bold in the 1890s, evidenced by his cycle *La bonne chanson*. The music for voice composed in his later years, after the turn of the century (when Fauré began to suffer from deafness, probably due to arterio-schlerosis), became more sparse and economical. He continued in his own highly personal compositional style, ignoring the dramatic changes in music brought on by Schoenberg, Stravinsky, and others, though he was well aware of their music (he was critic for *Le Figaro* from 1903-1921), and most often admired it.

Fauré's songs were originally published in three collections of 20 songs each. (The second collection originally contained 25 songs, but upon the appearance of the third collection, recompilation occurred, putting the second collection back to 20 songs.) These collections were published by Hamelle, the first in 1879, the second in 1897, and the third in 1908. Prior to the publication of the first collection, some of Fauré's songs had been published individually but Hamelle bought all previous rights. Specific inclusion of a song in these three original collections is indicated in the individual song notes that appear in this edition. Fauré made very little money from his song compositions, and sold them outright for about 50 francs each for all publishing rights. The composition dates of the early songs are only approximate. His publisher asked him to retroactively assign opus numbers to the earlier songs upon their publication in the first collection of 1879. Fauré's memory was unclear about dates on many such songs. After publication he destroyed many manuscripts, so there are few clues for researchers. The tempo markings that appear in this edition are Fauré's own, which he added at the point of publication.

As a composer, Fauré worked slowly and was self-critical. He relied on the reactions to his work of his colleagues and friends, mainly fellow composers with whom he was friendly. He admitted that at times he felt that his slow, detailed approach to composition may have stifled spontaneity. In setting a poem, he didn't hesitate to omit verses or change words to suit his concept. Some of the small changes of words are undoubtedly oversights, but the majority were deliberate. He chose poems primarily for their pliability. Fauré said of his song composition, "I seek above all to extricate the general feeling of a poem, rather than to concentrate on its details."

Compositionally, harmony was Fauré's natural priority. His style was a fresh, free approach to tonal harmony, often freely using modes to achieve flow, fluency, and ambiguity. Fauré was certainly a great melodist, but his melodies grow from the harmony, rather than standing on their own. He was somewhat of a neo-classicist in temperament, striving for a clarity of form, continuity, and craftsmanship. As a composer he valued nuance, subtlety, restraint, discretion, naturalness, sincerity, sensibility, an easy sophistication, and elegance. These aesthetic values are reflected in his writing for the voice, rarely going beyond a moderate vocal range. His songs only rarely include extroverted romantic drama (for instance, "Fleur jetée" and "Toujours"). He detested verismo, sentimentality, the superficial, or anything excessive. He worried about repeating himself, but continued to be drawn to the same aesthetic approach throughout his career. It's interesting to note that although Fauré was described as a man with a lively sense of humor by those who knew him, he did not choose to write songs that were overtly witty, as did some of the *Lieder* composers. Because of various factors, including academic responsibilities, he composed mainly during summer vacations throughout most of his life.

The songs were performed primarily by the composer's friends and patrons, most often in salons and in performances of the Societé nationale de musique. This was a close-knit circle of composers and musicians founded in 1871 by Saint-Saëns, Romain Bussine, Franck, D'Indy, Lalo, Massenet, Bizet, Guiraud, Duparc, and Fauré, with the purpose of furthering the works of the composer-members. Fauré's songs were rarely sung by celebrity singers of the time, especially before 1900. On more than one occasion he cautioned singers not to take his "slow" songs too slowly. Fauré was a good pianist, though not a virtuoso. He was admired as an interpreter of his own work, and loved to accompany his songs throughout his life, even after he was completely deaf. As a pianist, he was described as having powerful hands, a quiet nature at the keyboard, and a clarity of style that was out of fashion with the more dramatic and romantic piano performance style of his time.

Celebrity came late for Fauré. His output, including music in all media, was known only to a small circle of Parisian society prior to about 1895. At about the age of 50 he began to be recognized more widely in France as a major musical figure. Even at his death he was virtually unknown outside his own country. His output includes work of consistently high quality for orchestra, for chamber ensembles, and choral works (including the well-known Requiem). His opera *Pénélope* is certainly a masterwork, though neglected. Without question is his unqualified place as the quintessential master of French art song. Most would agree that there is no other composer in France's history who more eloquently captured her Gallic voice in song.

In all cases the poems are presented as they appeared when first published as poetry, retaining the layout, the punctuation, and the original titles. Any changes by Fauré to the poems' texts are noted.

Mai

1862?
poem by Victor Hugo

Op. 1, no. 2. (The opus number was added at the request of Fauré by his publisher, Hamelle, in 1896; see Preface for further information.) Dedicated to Madame Henri Barnier. Published by G. Hartmann, 1871; Choudens, 1877; Hamelle, 1887; first collection, no. 2. First performance, Société nationale de musique, March 22, 1873, Félix Lévy, tenor.

Mai	*May*
Puisque mai tout en fleurs dans les prés nous réclame,	*Since May in full flower in the meadows is calling us,*
Viens! ne te lasse pas de mêler à ton âme	*Come, do not weary of mingling your soul*
La campagne, les bois, les ombrages charmants,	*With the countryside, the woods, the charming shadows,*
Les larges clairs de lune au bord des flots dormants,	*The wide patches of moonlight by the shore of the sleeping billows,*
Le sentier qui finit où le chemin commence,	*The path that ends where the road begins,*
Et l'air et le printemps et l'horizon immense,	*And the air and the spring and the immense horizon,*
L'horizon que ce monde attache humble et joyeux	*The horizon that this world attaches, humble and joyful,*
Comme une lèvre au bas de la robe des cieux!	*Like a lip to the bottom of the sky's dress.*
Viens! et que le regard des pudiques étoiles	*Come, and may the gaze of the chaste stars*
Qui tombe sur la terre à travers tant de voiles,	*Which falls upon the earth through so many veils,*
Que l'arbre pénétré de parfums et de chants,	*May the tree, penetrated with scents·and songs,*
Que le souffle embrasé de midi dans les champs,	*May the blazing breath of noon in the fields,*
Et l'ombre et le soleil et l'onde et la verdure,	*And shadow and sun, water and greenery,*
Et le rayonnement de toute la nature	*And the radiance of all nature*
Fassent épanouir, comme une double fleur,	*Make, like a double flower,*
La beauté sur ton front et l'amour dans ton coeur!	*Beauty blossom on your forehead and love in your heart!*

50

di dans les champs, Et l'om-bre et le so-leil et l'onde et la ver-

55

rall.

du - re, Et le ray-on-ne - ment de tou-te la na-tu - re

60 *a tempo* *cresc.* *f*

rall.

Fas - sent é-pa-nou - ir, comme u - ne dou-ble fleur, La beau-té sur ton

cresc. *f*

65 *rall. e dim.*

front et l'a - mour dans ton coeur!

rall. e dim.

Dans les ruines d'une abbaye

c1865
poem by Victor Hugo

Op. 2, no. 1. (The opus number was added at the request of Fauré by his publisher, Hamelle, in 1896; see Preface for further information.) Dedicated to Madame Henriette Escalier. Published by Choudens, 1869; Hamelle, 1887; first collection, no. 3. First performance Société nationale de musique, February 12, 1876, Léonce Waldec. Fauré copmosed this song as a twenty-year-old pupil at the École de Musique Classique et Religieuse, Paris, (later called the École Niedermeyer), founded by Louis Niedermeyer, who recognized Fauré's exceptional talent. He introduced the young composer into the elite circles which proved to be the primary social outlet for Fauré throughout his life. In August of 1898 the composer was invited by Mrs. George Swinton of South Wales to give a master class on "Dans les ruines d'une abbaye" and he asked for a full-length portrait of her by John Sargent in return. Victor Hugo, 1802-1885, was a French poet, author, and politician. For purposes of musical symmetry Fauré occasionally lengthened the text by repetition.

Dans les ruines d'une abbaye	*In the ruins of an abbey*
Seuls, tous deux, revis, chantants!	*Alone, the two of them, delighted, singing!*
Comme on s'aime!	*How they love each other!*
Comme on cueille le printemps	*How they gather the spring*
Que Dieu sème!	*That God sows!*
Quels rires étincelants	*What sparkling laughter*
Dans ces ombres	*In these shadows*
Jadis pleines de fronts blancs,	*Long ago full of pale foreheads,*
De cœurs sombres!	*Of sad hearts!*
On est tout frais mariés	*They are just newly married.*
On s'envoie	*They send to each other*
Les charmants cris variés	*The charming, varied cries*
De la joie.	*Of joy.*
Frais échos mêlés au vent	*Fresh echoes mixed with the wind*
Qui frissonne!	*That quivers!*
Gaîté que le noir couvent	*A gaiety to which the black convent*
Assaisonne!	*Gives spice!*
On effeuille des jasmins	*They pluck leaves from the jasmine*
Sur la pierre	*Upon the stone*
Où l'abbesse joint le mains	*Where the abbess joins her hands*
En prière. […]	*In prayer.*
On se cherche, on se poursuit,	*They look for each other, pursue each other,*
On sent croître	*They feel*
Ton aube, amour, dans la nuit	*Your dawn, love, growing in the night*
Du vieux cloître.	*Of the old cloister.*
On s'en va se becquetant,	*They go off, caressing,*
On s'adore,	*They adore each other,*
On s'embrasse à chaque instant,	*They kiss at every instant,*
Puis encore,	*Then again,*
Sous les piliers, les arceaux,	*Under the pillars, the arches*
Et les marbres.	*And the marble statues.*
C'est l'histoire des oiseaux	*That is the story of the birds*
Dans les arbres.	*In the trees.*

*"Purs" in the original poem, apparently changed by the composer.

des jas-mins Sur la pier - re Où l'ab-bes - se

joint les mains En pri-è - re. On se cherche, on

se pour-suit, On sent croî - tre Ton aube, a-mour

dans la nuit Du vieux cloî - tre. On s'en va se

bec - que-tant, On s'a - do - re, On s'em-brasse à

chaque in - stant, Puis en - co - re, Sous les pi - liers,

les ar-ceaux, Et les mar - bres. C'est l'his-toi - re

des oi-seaux Dans les ar - bres.

Les matelots

c1865
poem by Théophile Gautier

Op. 2, no. 2. Dedicated to Madame Edouard Lalo. Published by Choudens, 1876; Hamelle, 1887; first collection, no. 4. (The opus number was added at the request of Fauré by his publisher, Hamelle, in 1896; see Preface for further information.)   First performance, Société nationale de musique, February 8, 1873, Madame Edouard Lalo, alto. Théophile Gautier, 1811-1872, was a French poet, novelist and critic. Fauré omitted lines of the original poem as follows.

Les petites étoiles	*The little stars*
Montrent de leurs doigts d'or	*Show with their golden fingers*
De quel côté les voiles	*From which direction the sails*
Doivent prendre l'essor	*Are to receive the wind*

Fauré omitted texts which, in his opinion, lacked in taste, or were inconsistent to his musical setting. "Les Matelots" is one of the first songs by the composer to solely incorporate the arpeggio to accompany the vocal line.

Les Matelots	*The Sailors*
Sur l'eau bleue et profonde	*Upon the deep blue waters*
Nous allons voyageant,	*We go traveling,*
Environnant le monde	*Surrounding the world*
D'un sillage d'argent.	*With a silvery wake.*
Des îles de la Sonde,	*From the Sunda Islands,*
De l'Inde au ciel brûlé,	*From India with its scorching sky*
Jusqu'au pôle gelé... [...]	*Up to the frozen pole...*
Nous pensons à la terre	*We think about the land*
Que nous fuyons toujours,	*That we are ever fleeing,*
A notre vieille mère,	*About our old mothers,*
A nos jeunes amours;	*About our youthful loves,*
Mais la vague légère	*But the gentle wave*
Avec son doux refrain	*With its sweet refrain*
Endort notre chagrin. [...]	*Puts our grief to sleep.*
Existence sublime!	*Sublime existence!*
Bercés par notre nid,	*Rocked by our nest,*
Nous vivons sur l'abîme	*We live upon the abyss*
Au sein de l'infini;	*In the bosom of the infinite;*
Des flots rasant la cime,	*With waves skimming the summit,*
Dans le grand désert bleu	*In the great blue desert*
Nous marchons avec Dieu!	*We walk with God!*

(Pedal in each measure)

Seule!

1871

poem by Théophile Gautier

Op. 3, no. 1. Dedicated to Monsieur E. Fernier. Published by G. Hartmann, 1871; Choudens, 1877; Hamelle, 1887; first collection, no. 5. (The opus number was added at the request of Fauré by his publisher, Hamelle, in 1896; see Preface for further information.) Fauré was profoundly affected by France's defeat in the Franco-Prussian war in 1870. "Seule!" was written in 1871 after the war's end. Théophile Gautier, 1811-1872, was a French poet, novelist and critic.

Seule!
[original poem untitled]

Alone!

Dans un baiser, l'onde au rivage
Dit ses douleurs;
Pour consoler la fleur sauvage,
L'aube a des pleurs;
Le vent du soir conte sa plainte
Aux vieux cyprès,
La tourterelle au térébinthe
Ses longs regrets.

In a kiss the wave
Tells its woes to the shore;
To console the wild flower
The dawn has tears;
The evening wind recounts its lament
To the old cypress trees;
The turtledove tells the terebinth
Its long sorrows.

Aux flots dormants, quand tout repose,
Hors la douleur,
La lune parle et dit la cause
De sa pâleur.
Ton dôme blanc, Sainte Sophie,
Parle au ciel bleu,
Et, tout rêveur, le ciel confie
Son rêve à Dieu.

To the sleeping waves, when everything is resting,
Except grief,
The moon speaks and tells the cause
Of its paleness.
Your white dome, Saint Sophia,
Speaks to the blue sky,
And dreamily the sky confides
Its dream to God.

Arbre ou tombeau, colombe ou rose,
Onde ou rocher,
Tout, ici-bas, a quelque chose
Pour s'épancher...
Moi, je suis seule, et rien au monde
Ne me répond,
Rien que ta voix morne et profonde,
Sombre Hellespont!

Tree or grave, dove or rose,
Wave or rock,
Everything here below has something
To pour out its heart to...
I am alone, and nothing in the world
Answers me!
Nothing except your gloomy, deep voice,
Dark Hellespont!

Dans un bai-ser, l'onde au ri-va - ge

22

tout re - po - se, Hors la dou - leur, La lu - ne parle et dit la cau - se

27

De sa pâ - leur. Ton dô - me blanc, Saint - e So - phi - e,

31

cresc. *mf*

Parle au ciel bleu, Et, tout rê - veur, le ciel con - fi - e Son rêve à

36

pp

Dieu. Arbre ou tom - beau, co - lombe ou ro - se,

Sérénade toscane

c1878?

anonymous Italian poem, adapted by Romain Bussine

Op. 3, no. 2. (The opus number was added at the request of Fauré by his publisher, Hamelle, in 1896; see Preface for further information.) Dedicated to Madame la baronne de Montagnac, née de Rosalès. Published by Choudens, 1879; Hamelle, 1887; first collection, no. 6. The original poem is entitled "O tu che dormie riposata stai." The date and location of the song's premiere are not known. There was a noteworthy performance by an American singer, Susan Metcalfe, accompanied by Fauré, singing for Queen Alexandra and the Russian Empress Marie Feodorovna at Buckingham Palace, March 23, 1908. Romain Bussine was a teacher of singing, a close friend of Fauré's, and along with Camille Saint-Saëns, founded the Société nationale de musique, created for the promotion of French music. The majority of Fauré's compositions were premiered there.

Sérénade toscane	Tuscan Serenade
O toi que berce un rêve enchanteur,	O you who are lulled by an enchanting dream,
Tu dors tranquille en ton lit solitaire,	You sleep peacefully in your solitary bed.
Éveille-toi, regarde le chanteur,	Wake up, look at the singer,
Esclave de tes yeux, dans la nuit claire!	A slave to your eyes, in the clear night!
Éveille-toi mon âme, ma pensée,	Wake up, my soul, my thought,
Entends ma voix par la brise emportée,	Hear my voice carried by the breeze,
Entends ma voix chanter!	Hear my voice sing!
Entends ma voix pleurer	Hear my voice weep
Dans la rosée!	In the dew.
Sous la fenêtre en vain ma voix expire,	Under the window my voice expires in vain,
Et chaque nuit je redis mon martyre,	And every night I tell again of my torment,
Sans autre abri que la voûte étoilée.	With no other shelter than the starry vault of heaven,
Le vent brise ma voix et la nuit est glacée:	The wind breaks my voice and the night is chilly.
Mon chant s'éteint en un accent suprême,	My song dies away in an ultimate word.
Ma lèvre tremble en murmurant je t'aime.	My lip trembles as it murmurs, "I love you."
Je ne peux plus chanter!	I can no longer sing!
Ah! daigne te montrer!	Ah! please show yourself!
Daigne apparaître!	Please appear!
Si j'étais sûr que tu ne veux paraître,	If I were sure that you do not want to appear,
Je m'en irais, pour t'oublier,	I would go away in order to forget you,
Demander au sommeil	To ask sleep
De me bercer jusqu'au matin vermeil,	To rock me until bright red morning,
De me bercer jusqu'à ne plus t'aimer!	To rock me until I no longer love you!

13

cresc.

ma ___ pen - sé - e, En - tends ma voix par la ___ bri - se em-por - té - e,
tem - po, un o - ra, Ris - ve - glia - ti ma - do - na un tem - po, un o - ra,

Ped. ✻ Ped. ✻

16

f *dim.*

En-tends ma voix ___ chan - ter! _____ En-tends ma voix ___ pleu -
Lò sen - ti - rai ___ can - tar! _____ Lò sen - ti - rai ___ can -

Ped. ✻ Ped. ✻ Ped. ✻ Ped. ✻ Ped. ✻

19

rer, _____ Dans la ro - sé - e!
tar, _____ che le di fuo - ra!

sempre dolce

Ped. ✻ Ped. ✻ Ped. ✻

Sous ta* fe - nêtre en vain ma voix ex - pi - re, Et
Von pos - so più, con pos - so più can - tar, Stà

cha - que nuit je re - dis mon mar - ty - re, Sans autre a - bri que la voûte
not - te son dor-mi - to al ciel se - re - no, E son dor-mi - to al om - bra

é - toi - lé - e. Le vent bri - se ma voix et la nuit est gla-
d'u - na no - ce, Do - ve non e - ra è pa - glia, ne pa - glia ne

* "la" in Bussine's translation; changed by the composer, perhaps inadvertently

Lydia

c1870
poem by Leconte de Lisle

Op. 4, no. 2. Dedicated to Madame Marie Trélat. Published by G. Hartmann, 1871; Choudens, 1877; Hamelle, 1887; first collection, no. 8. First performance, Société nationale de musique, May 18, 1872, Marie Trélat, mezzo-soprano. The Lydian mode is found in the song, with the raised fourth note of the scale. This is the first time Fauré set a poem of Leconte de Lisle, a Parnassian poet. The Parnassians were a group of poets who turned away from Romantic excess and reverted to the formal aspects of ancient Greece. Fauré changed words, presumably to improve the vocal flow of the line: "Chanter sur tes lèvres en fleur" was altered to "Chanter sur ta levre en fleur." In the first verse, Fauré omits the bracketed words in his setting: "Et sur ton col frais et plus blanc [Que le lait,] roule étincelant." Instead, he inserts a melodic line in the accompaniment, removing the comparison of "white" and "milk."

Lydia	*Lydia*
Lydia, sur tes roses joues,	*Lydia, upon your pink cheeks,*
Et sur ton col frais et si blanc	*And upon your neck, so cool and so white,*
[Que le lait,] roule étincelant	*There rolls down, glittering,*
L'or fluide que tu dénoues.	*The fluid golden hair that you untie.*
Le jour qui luit est le meilleur:	*The day that is shining is the best:*
Oublions l'éternelle tombe,	*Let us forget the eternal grave,*
Laisse tes baisers de colombe	*Let your dovelike kisses*
Chanter sur ta lèvre en fleur.	*Sing upon your flowering lips.*
Un lys caché répand sans cesse	*A hidden lily unceasingly spreads*
Une odeur divine en ton sein:	*A divine scent in your bosom:*
Les délices, comme un essaim,	*Delights like a swarm*
Sortent de toi, jeune Déesse!	*Emanate from you, young Goddess!*
Je t'aime et meurs, ô mes amours!	*I love you and die, o my love!*
Mon âme en baisers m'est ravie.	*My soul is ravished from me in kisses.*
O Lydia, rends-moi la vie,	*O Lydia, restore my life to me,*
Que je puisse mourir toujours!	*May I die forever!*

Et sur ton col frais et si* blanc, roule é-tin-ce-lant L'or flu-i-de ___ que tu dé-nou ___ es. Le jour qui luit est le meil-leur: Ou-bli-ons l'é-ter-nel-le tom-be, Lais-se tes bai-sers, tes bai-sers de ___ co-lom-be

dolce

* "plus" in the original poem

* "tes lèvres" in the original poem

es - se! Je t'aime et meurs, ô mes a-mours! Mon âme en bai-sers_ m'est ra-

vi - e. O Ly-di-a, rends-moi_____ la vi - e,

Que je puis - se mou - rir, mou - rir tou - jours!

Rêve d'amour
1862
poem by Victor Hugo

Op. 5, no. 2. (The opus number was added at the request of Fauré by his publisher, Hamelle, in 1896; see Preface for further information.) Dedicated to Madame C. De Gomiecourt. Published by Choudens, 1875; Hamelle, 1887; first collection, no. 10. First performance Société nationale de musique, December 12, 1874, Mademoiselle Marguerite Baron. Fauré's original title, different from the poet's, was "S'il est un charmant gazon." It was renamed "Rêve d'amour" by the publisher, Antoine Choudens, perhaps for the sake of an eye-catching title.   This song is one of Fauré's early works, one he described as a "Romance" versus the more serious and artful "Mélodie." In part, the distinction between the two styles is the strophic design for the "Romance," and the through-composed approach to the "Mélodie."

Rêve d'amour	*Dream of Love*
[poet's original title: Nouvelle Chanson sur un vieil air]	

S'il est un charmant gazon	*If there is a charming lawn*
Que le ciel arrose,	*That heaven waters,*
Où naisse en toute saison	*Where in every season is born*
Quelque fleur éclose,	*Some blooming flower,*
Où l'on cueille à pleine main	*Where one gathers whole handfuls*
Lys, chèvrefeuille et jasmin,	*Of lily, honeysuckle and jasmine,*
J'en veux faire le chemin	*I want to make of it the path*
Où ton pied se pose!	*Where your foot may step.*

S'il est un sein bien aimant	*If there is a very loving breast*
Dont l'honneur dispose,	*That is ruled by honor,*
Dont le tendre dévouement	*Whose tender devotion*
N'ait rien de morose,	*Has nothing morose about it,*
Si toujours ce noble sein	*If that noble breast always*
Bat pour un digne dessein,	*Beats for a worthy goal,*
J'en veux faire le coussin	*I want to make of it the cushion*
Où ton front se pose!	*Where your forehead may rest.*

S'il est un rêve d'amour	*If there is a dream of love*
Parfumé de rose,	*Scented with rose,*
Où l'on trouve chaque jour	*Where every day is found*
Quelque douce chose,	*Some sweet thing,*
Un rêve que Dieu bénit,	*A dream that God blesses,*
Où l'âme à l'âme s'unit,	*In which one soul unites with another,*
Oh! j'en veux faire le nid	*Oh! I want to make of it the nest*
Où ton coeur se pose!	*Where your heart may rest.*

* "brille" in the original poem

J'en__ veux__ fai - re le che-min   Où ton pied se po - se!

S'il est un sein bien ai-mant   Dont l'hon-neur dis - po - se,

37

Dont le ten - dre* dé - voue-ment N'ait rien de mo - ro - se,

41

cresc.

Si tou-jours ce no - ble sein Bat pour un di - gne des-sein,

45

J'en __ veux __ fai - re le cous-sin Où ton front se po - se!

49

* "ferme" in the original poem

Tristesse

c1873
poem by Théophile Gautier

Op. 6, no. 2. Dedicated to Madame Edouard Lalo, alto. Published by Choudens, 1876; Hamelle, 1887; first collection, no. 13.

Tristesse	*Sadness*
Avril est de retour.	*April has returned.*
La première des roses,	*The first of the roses,*
De ses lèvres mi-closes,	*With its half-closed lips,*
Rit au premier beau jour;	*Laughs at the first beautiful day;*
La terre bienheureuse	*The blissful earth*
S'ouvre et s'épanouit;	*Opens and blossoms out;*
Tout aime, tout jouit.	*Everything is in love, everything feels pleasure.*
Hélas! j'ai dans le coeur une tristesse affreuse!	*Alas! I have in my heart a dreadful sadness!*
Les buveurs en gaîté,	*With gaiety the drinkers,*
Dans leurs chansons vermeilles,	*In their ruddy songs,*
Célèbrent sous les treilles	*Celebrate under the trellises*
Le vin et la beauté;	*Wine and beauty;*
La musique joyeuse,	*The joyful music,*
Avec leur rire clair	*With their bright laughter,*
S'éparpille dans l'air.	*Is scattered through the air.*
Hélas! j'ai dans le coeur une tristesse affreuse!	*Alas! I have in my heart a dreadful sadness!*
En déshabillés blancs,	*In thin white dresses*
Les jeunes demoiselles	*The young ladies*
S'en vont sous les tonnelles	*Go off under the arbors*
Au bras de leurs galants;	*On the arms of their beaux;*
La lune langoureuse	*The langourous moon*
Argente leurs baisers	*Casts a silver glow on their kisses,*
Longuement appuyés.	*Greatly prolonged.*
Hélas! j'ai dans le coeur une tristesse affreuse!	*Alas! I have in my heart a dreadful sadness!*
Moi, je n'aime plus rien,	*As for me, I no longer love anything,*
Ni l'homme, ni la femme,	*Neither man nor woman,*
Ni mon corps, ni mon âme,	*My body nor my soul,*
Pas même mon vieux chien:	*Not even my old dog:*
Allez dire qu'on creuse,	*Go tell them to dig,*
Sous le pâle gazon,	*Under the pale lawn,*
Une fosse sans nom.	*A nameless pit.*
Hélas! j'ai dans le coeur une tristesse affreuse!	*Alas! I have in my heart a dreadful sadness!*

ro - ses, De ses lè - vres mi - clo - ses, Rit au pre-mier beau jour; La __ ter - re bien-heu-

cresc.

f

reu - se S'ouvre et s'é - pa - nou - it; Tout ai - me, tout jou - it. Hé -

cresc.

dimin.

las! j'ai dans le coeur u - ne tris - tesse af - freu -

f

dimin.

se! Les bu - veurs en gaî -

mf

p

Sylvie
1878
poem by Paul de Choudens

Op. 6, no. 3.   Dedicated to Madame la vicomtesse de Gironde.   Published by Choudens, 1879; Hamelle, 1887; first collection, no. 14.   First performance Société nationale de musique, January 11, 1879, Henriette Fuchs, soprano.   Paul de Choudens was the son of the publisher, Antoine Choudens.   Fauré supposedly set Paul's poem to encourage the publisher/father to speed up publication of a volume of his first twenty songs.

Sylvie

Si tu veux savoir, ma belle,
Où s'envole à tire-d'aile,
L'oiseau qui chantait sur l'ormeau,
Je te le dirai, ma belle,
Il vole vers qui l'appelle,
Vers celui-là
Qui l'aimera!

Si tu veux savoir, ma blonde,
Pourquoi sur terre et sur l'onde
La nuit tout s'anime et s'unit,
Je te le dirai, ma blonde!
C'est qu'il est une heure au monde
Où, loin du jour,
Veille l'amour!

Si tu veux savoir, Sylvie,
Pourquoi j'aime à la folie
Tes yeux brillants et langoureux,
Je te le dirai, Sylvie,
C'est que sans toi dans la vie
Tout pour mon coeur
N'est que douleur!

Sylvie

If you want to know, my fair one,
Whither it is swiftly flying away,
The bird that was singing under the young elm,
I will tell you, my fair one,
It is flying toward the one who calls it,
Toward that person
Who will love it!

If you want to know, my blonde,
Why upon land and sea
At night everything comes alive and unites,
I will tell you, my blonde,
It is because there is an hour in the world
When, far from the daylight,
Love stays awake.

If you want to know, Sylvie,
Why I am madly in love
With your eyes, shining and langourous,
I will tell you, Sylvie,
It is because, without you, in life
Everything for my heart
Is just sorrow.

Si tu veux sa - voir, ma bel - le, Où s'en - vole à ti - re d'ai - le, L'oi - seau qui chan - tait sur l'or - meau? Je te le di - rai, ma bel - le, Il vo - le vers qui l'ap - pel - le, Vers ___ ce - lui - là ___

50

p　　　　　　　　　　*crescendo*

Si tu veux sa - voir, Syl - vi - e, Pour - quoi

52

mf

j'aime　　à la fo - li - e　　Tes yeux bril - lants et lan - gou -

55

p

reux?　　　　Je te le di - rai, Syl - vi - e,

p sempre

58

C'est que sans toi dans la vi - e　Tout pour＿＿＿＿mon＿＿＿＿

Après un rêve

1878?
anonymous Italian poem adapted by Romain Bussine

Op. 7, no. 1. (The opus number was added at the request of Fauré by his publisher, Hamelle, in 1896; see Preface for further information.) ('Levati sol che la luna é levata') Dedicated to Madame Marguerite Baugnies. Published by Choudens, 1878; Hamelle, 1887; first collection, no.15. First performance Société nationale de musique, January 11, 1879, Henriette Fuchs, soprano. Romain Bussine was a teacher of singing and a close friend of Fauré. He and Camille Saint-Saëns founded the Société nationale de musique. "Après un rêve" was composed after the break–up of Fauré's engagement to Marianne Viardot. This popular Romance has been transcribed for cello and piano (by Pablo Casals), piano solo, orchestra, voice and orchestra, viola and piano, piano trio, organ, et cetera.

Après un rêve	*After a dream*
Dans un sommeil que charmait ton image	*In a slumber charmed by your image*
Je rêvais le bonheur, ardent mirage;	*I was dreaming of happiness, that fiery mirage.*
Tes yeux étaient plus doux, ta voix pure et sonore,	*Your eyes were gentler, your voice pure and ringing,*
Tu rayonnais comme un ciel éclairé par l'aurore.	*You were beaming like a sky lit up by the dawn.*
Tu m'appelais et je quittais la terre	*You were calling me, and I was leaving the earth*
Pour m'enfuir avec toi vers la lumière;	*To flee with you toward the light.*
Les cieux pour nous, entr'ouvraient leurs nues,	*The heavens for us were slightly opening their clouds,*
Splendeurs inconnues, lueurs divines entrevues...	*Unknown splendors, divine radiance glimpsed!*
Hélas! Hélas, triste réveil des songes!	*Alas, alas! Sad awakening from dreams,*
Je t'appelle, ô nuit, rends-moi tes mensonges;	*I call you, o night, give me back your lies,*
Reviens, reviens radieuse,	*Come back radiantly,*
Reviens, ô nuit mystérieuse!	*Come back, o mysterious night!*

heur, ar-dent mi-ra - ge; Tes yeux é-taient plus

doux, _____ ta voix pure et so - no - re, Tu ray - on -

nais comme un ciel _____ é-clai-ré par l'au-ro - re.

Tu m'ap-pe-lais _____ et je quit-tais la ter - re Pour m'en-fuir a - vec toi   vers la lu - miè - - re;   Les   cieux __ pour __

nous, ___   en - tr'ou-vraient leurs nu - es,   Splen - deurs ___   in - con-

nu - es,   lu - eurs di - vi - nes en - tre - vu - es...   Hé -

las!   Hé - las,   tris - te ré - veil __ des son

Au bord de l'eau

1875
poem by Sully-Prudhomme

Op. 8, no. 1. Dedicated to Madame Claudie Chamerot. Published by Choudens, 1877; Hamelle, 1887; first collection, no.18, then no.17. First performance Société nationale de musique, January 19, 1878, Mademoiselle Miramont–Tréogate. Fauré softened dental sounds in song texts and "Au bord de l'eau" contains an example:

Sully-Prudhomme—S'asseoir tous deux au bord *d'un* flot qui passe
Fauré— S'asseoir tous deux au bord *du* flot qui passe

Au bord de l'eau

S'asseoir tous deux au bord du flot qui passe,
    Le voir passer;
Tous deux, s'il glisse un nuage en l'espace,
    Le voir glisser;
A l'horizon s'il fume un toit de chaume,
    Le voir fumer;
Aux alentours, si quelque fleur embaume,
    S'en embaumer;
Entendre au pied du saule où l'eau murmure,
    L'eau murmurer;
Ne pas sentir tant que ce rêve dure,
    Le temps durer;
Mais n'apportant de passion profonde,
    Qu'à s'adorer,
Sans nul souci des querelles du monde,
    Les ignorer;
Et seuls tous deux devant tout ce qui lasse,
    Sans se lasser;
Sentir l'amour devant tout ce qui passe,
    Ne point passer!

At the water's edge

To sit together at the edge of the passing wave,
    To see it pass;
Together, if a cloud glides by in space,
    To see it glide;
If a thatched roof sends smoke on the horizon,
    To see it smoke;
If in the vicinity some flower gives off a scent,
    To take in that scent;
To hear, at the foot of the willow where water murmurs,
    The water murmur;
Not to feel, so long as this dream lasts,
    Time last;
But bringing no deep passion
    Except to adore each other,
With no concern for the quarrels of the world,
    To know nothing of them;
And alone together, in the face of all that causes weariness,
    Without becoming weary,
To feel love, in the face of all that passes away,
    Not pass away!

fon - de, _____ Qu'à s'a - do - rer, Sans nul sou -

ci des que - rel - les du mon - de, _____ Les i - gno -

rer; Et seuls tous deux de - vant tout ce qui las - se, _____

Sans se las - ser; Sen - tir l'a - mour de - vant tout ce qui

pas - se,   Ne point pas - ser, _____

sempre **p**

Sen - tir l'a - mour de - vant tout ce qui

pas - se, _____   Ne point __ pas - ser! _

8va-----------------------------

Ici–bas!

c.1873

poem by Sully–Prudhomme

Op. 8, no. 3. Dedicated to Madame G. Lecoq, née Mac-Brid. Published by Choudens, 1877; Hamelle, 1887; first collection, no. 20, then no. 19. First performance, Société nationale de musique, December 12, 1874, Mademoiselle Marguerite Baron.

Ici-bas !	*Here below*
Ici-bas tous les lilas meurent,	*Here below all the lilacs die,*
Tous les chants des oiseaux sont courts,	*All the songs of the birds are short,*
Je rêve aux étés qui demeurent	*I dream of summers that remain*
Toujours!	*Forever!*
Ici-bas les lèvres effleurent	*Here below lips touch lightly*
Sans rien laisser de leur velours,	*Without leaving any of their velvet behind,*
Je rêve aux baisers qui demeurent	*I dream of kisses that remain*
Toujours!	*Forever!*
Ici-bas, tous les hommes pleurent	*Here below all men weep*
Leurs amitiés ou leurs amours...	*Over their friendships or their loves...*
Je rêve aux couples qui demeurent	*I dream of couples who remain*
Toujours!	*Forever!*

Nell

1878
poem by Leconte de Lisle

Op. 18, no. 1. Dedicated to Madame Camille Saint-Saëns. Published by Hamelle, 1880; second collection, no. 1; London, Metzler, 1896. First performance, Société nationale de musique, 29 January 1881, Henrietta Fuchs, soprano. Fauré lengthened the last two lines of the poem by repetition:

Qui rayonne en mon cœur [en mon cœur] charmé
Ne fleurisse plus ton image [Ne fleurisse plus ton image]

Leconte de Lisle was a Parnassian poet. The Parnassians were the group of poets who turned away from Romantic excess, reverting to the purity and formal aspects of ancient Greece.

Nell

Ta rose de pourpre, à ton clair soleil,
    O Juin, étincelle enivrée;
Penche aussi vers moi ta coupe dorée:
    Mon coeur à ta rose est pareil.

Sous le mol abri de la feuille ombreuse
    Monte un soupir de volupté;
Plus d'un ramier chante au bois écarté,
    O mon coeur, sa plainte amoureuse.

Que ta perle est douce au ciel enflammé,
    Étoile de la nuit pensive!
Mais combien plus douce est la clarté vive
    Qui rayonne en mon coeur charmé!

La chantante mer, le long du rivage,
    Taira son murmure éternel,
Avant qu'en mon coeur, chère amour, O Nell,
    Ne fleurisse plus ton image!

Nell

Your purple rose in your bright sun,
    O June, is sparkling as if intoxicated;
Bend your golden cup also toward me:
    My heart is just like your rose.

Under the soft shelter of a shady bough
    A sigh of pleasure rises up;
More than one ring-pigeon sings in the remote wood,
    O my heart, its amorous lament.

How sweet your pearl is in the flaming sky,
    Star of the pensive night!
But how much sweeter is the bright light
    That shines in my charmed heart!

The singing sea, all along the shore,
    Will silence its eternal murmuring
Before in my heart, dear love, o Nell,
    Your image will stop blossoming!

Que ta perle est douce au ciel en - flam-mé,*

É - toi - le de la nuit pen - si - ve! _____ Mais com -

bien plus douce est la clar - té vi - ve Qui ray -

* "parfumé" in the original poem

qu'en mon coeur, chère a - mour, O Nell, Ne fleu -

ris - se plus ton i - ma - ge! Ne fleu -

ris - se plus ton i - ma - - -

ge!

Automne

1878
poem by Armand Silvestre

Op. 18, no. 3. Dedicated to Monsieur Emmanuel Jadin. Hamelle, 1880; second collection, no. 3. First performance, Société nationale de musique, January 29, 1881, Henrietta Fuchs, soprano.

Automne

Automne au ciel brumeux, aux horizons navrants,
Aux rapides couchants, aux aurores pâlies,
Je regarde couler, comme l'eau du torrent,
    Tes jours faits de mélancolie.

Sur l'aile des regrets mes esprits emportés,
Comme s'il se pouvait que notre âge renaisse!
Parcourent en rêvant les coteaux enchantés
    Où, jadis, sourit ma jeunesse!

Je sens, au clair soleil du souvenir vainqueur,
Refleurir en bouquets les roses déliées,
Et monter à mes yeux des larmes, qu'en mon coeur
    Mes vingt ans avaient oubliées!

Autumn

Autumn with a misty sky, with heart-breaking horizons,
With rapid sunsets, with pale dawns,
I watch the flow, like the water of a torrent,
    Of your days made of melancholy.

My thoughts, carried off on wings of regret,
As if it were possible for our life to start over,
Travel while dreaming through the enchanted slopes
    Where in former days my youth smiled!

    I feel in the bright sunlight of a victorious memory
The slender roses blooming again in a bouquet
And I feel rising to my eyes tears that in my heart
    I at age twenty had forgotten.

ho - ri - zons na - vrants, _____

Aux ra - pi - des cou-chants, aux au -

ro - res pâ - li - es, Je re -

gar - de cou - ler, com - me l'eau du tor - rent, _____ Tes

teaux ___ en - chan-tés Où, ja - dis, _____ sou - rit ma jeu-

nes - se! _____ Je

sens, _____ au clair so - leil du sou - ve - nir vain - queur, _____

Re - fleu - rir en bou-quets _____ les

original key

Poème d'un jour

Rencontre

1878
poem by Charles Grandmougin

Op. 21, no. 1. Dedicated to Madame la comtesse de Gauville. Published by Durand, 1880; Hamelle, 1897; Second collection, nos. 4, 5 & 6; London, Metzler, 1897. First performance Société nationale de musique, Jan. 22, 1881, Monsieur Mazalbert, tenor. This three-song-cycle is related in tonality, and in poetic content. The original key relationship was not maintained in the transpositions supervised by Fauré. "Poème d'un jour" was composed in 1878 after the break-up of Fauré's engagement to Marianne Viardot.

Poème d'un jour

Rencontre

J'étais triste et pensif quand je t'ai rencontrée;
Je sens moins aujourd'hui mon obstiné tourment.
O dis-moi, serais-tu la femme inespérée,
Et le rêve idéal poursuivi vainement?

O passante aux doux yeux, serais-tu donc l'amie
Qui rendrait le bonheur au poète isolé?
Et vas-tu rayonner sur mon âme affermie,
Comme le ciel natal sur un coeur d'exilé?

Ta tristesse sauvage, à la mienne pareille,
Aime à voir le soleil décliner sur la mer.
Devant l'immensité ton extase s'éveille,
Et le charme des soirs, à ta belle âme est cher.

Une mystérieuse et douce sympathie
Déjà m'enchaîne à toi comme un vivant lien,
Et mon âme frémit, par l'amour envahie,
Et mon coeur te chérit, sans te connaître bien!

Poem of One Day

Meeting

I was sad and pensive when I met you;
Today I feel my obstinate torment less,
O tell me, might you be the unhoped-for woman
And the ideal dream that I pursued in vain?

O passer-by with gentle eyes, might you then be the friend
Who would bring back happiness to the lonely poet?
And are you going to shine on my strengthened soul
Like the native sky on an exile's heart?

Your wild sadness, just like mine,
Likes to see the sun set over the sea.
Facing that vastness your ecstasy awakens,
And the charm of evenings is dear to your beautiful soul!

A mysterious and sweet sympathy
Already binds me to you like a living bond
And my soul quivers, invaded by love,
And my heart cherishes you without knowing you well!

sif   quand je t'ai ren - con - tré - e: Je

sens moins au - jour - d'hui,   mon obs - ti - né tour - ment. _____

_____   O dis - moi,   Se - rais - tu   la femme i - nes - pé -

ré -   e   Et le rêve i - dé - al   pour - sui -

sempre legato

vi vai - ne - ment? O pas - san - te aux doux

yeux, se - rais - tu donc l'a - mi - e Qui ren - drait le bon -

heur au po - ète i - so - lé? Et vas - tu ray - on -

ner sur mon âme af - fer - mi - e, Com - me le ciel na -

35 *poco a poco cresc.*

toi comme un vi - vant li - en, Et mon â - me fré -

poco a poco cresc.

37

mit, par l'a - mour en - va - hi - e, Et mon coeur te ché -

39 *f*

rit, _____ sans te con - naî - - - tre

f

41

bien! _____

p *pp*

Toujours

1878

poem by Charles Grandmougin

Op. 21, no. 2. See "Rencontre" for notes on the entire song cycle *Poème d'un jour.*

Toujours	*Forever*
Vous me demandez de me taire,	*You ask me to keep silent,*
De fuir loin de vous pour jamais,	*To flee far from you forever,*
Et de m'en aller solitaire,	*And to go away, lonely,*
Sans me rappeler qui j'aimais!	*Without remembering whom I loved!*
Demandez plutôt aux étoiles	*Rather ask the stars*
De tomber dans l'immensité,	*To fall into the immensity of space,*
A la nuit de perdre ses voiles,	*The night to lose its veils,*
Au jour de perdre sa clarté!	*The day to lose its light!*
Demandez à la mer immense	*Ask the immense sea*
De dessécher ses vastes flots,	*To dry up its vast waves,*
Et, quand les vents sont en démence,	*And when the winds are in mad fury*
D'apaiser ses sombres sanglots!	*To calm its somber moaning!*
Mais n'espérez pas que mon âme	*But do not hope that my soul*
S'arrache à ses âpres douleurs,	*Will tear itself away from its bitter sorrows*
Et se dépouille de sa flamme	*And will shed its passion*
Comme le printemps de ses fleurs.	*As spring sheds its flowers.*

leurs, Et se dé - pouil - le de sa

flam - me Com - me le prin -

temps de ses fleurs.

Adieu

1878
poem by Charles Grandmougin

Op. 21. See "Rencontre" for notes on the entire song cycle *Poème d'un jour.*

Adieu	*Farewell*
Comme tout meurt vite, la rose	*How fast everything dies, the rose*
Déclose,	*That has opened up,*
Et les frais manteaux diaprés	*And the fresh mottled cloaks*
Des prés;	*Of the meadows;*
Les longs soupirs, les bien-aimées,	*The long sighs, the beloved women,*
Fumées!	*Who have vanished in smoke!*
On voit dans ce monde léger,	*In this fickle world we see*
Changer	*The change,*
Plus vite que les flots des grèves,	*Faster than that of the shore's waves,*
Nos rêves!	*Of our dreams!*
Plus vite que le givre en fleurs,	*Faster than that of hoarfrost into flowers,*
Nos coeurs!	*Of our hearts!*
A vous l'on se croyait fidèle,	*To you one thought oneself faithful,*
Cruelle,	*Cruel woman,*
Mais hélas! les plus longs amours	*But alas! the longest love affairs*
Sont courts!	*Are short!*
Et je dis en quittant vos charmes	*And I say upon leaving your charms*
Sans larmes,	*Without tears,*
Presqu'au moment de mon aveu,	*Almost at the moment of my avowal,*
Adieu!	*Farewell!*

Les berceaux

1879
poem by Sully-Prudhomme

Op. 23, no. 1. Dedicated to Mademoiselle Alice Boissonnet. Published by Hamelle, 1881; Second collection, no. 7. First performance, Société nationale de musique, December 9, 1882, Jane Huré.

Les berceaux	*The cradles*
Le long du quai, les grands vaisseaux,	*All along the pier the big ships*
Que la houle incline en silence,	*That the surge sways in silence*
Ne prennent pas garde aux berceaux,	*Pay no attention to the cradles*
Que la main des femmes balance.	*That the hands of women rock.*
Mais viendra le jour des adieux,	*But the day of farewells will come,*
Car il faut que les femmes pleurent,	*For it is necessary that women weep,*
Et que les hommes curieux,	*And that curious men*
Tentent les horizons qui leurrent!	*Brave the horizons that lure them!*
Et ce jour-là les grands vaisseaux,	*And on that day the big ships,*
Fuyant le port qui diminue,	*Fleeing the shrinking port,*
Sentent leur masse retenue	*Feel their bulk held back*
Par l'âme des lointains berceaux.	*By the soul of the far-off cradles.*

Notre amour

1879?

poem by Armand Silvestre

Op. 23, no. 2.   (The opus number was added at the request of Fauré by his publisher, Hamelle, in 1896; see Preface for further information.)   Dedicated to Madame Castillon. Published by Hamelle, 1882; second collection, no. 8; London, Metzler, 1897.

Notre amour	*Our Love*
Notre amour est chose légère	*Our love is a light thing,*
Comme les parfums que le vent	*Like the perfumes that the wind*
Prend aux cimes de la fougère,	*Takes upon the summits from the fern*
Pour qu'on les respire en rêvant.	*So that they can be inhaled while dreaming.*
Notre amour est chose charmante,	*Our love is a charming thing,*
Comme les chansons du matin,	*Like the songs of the morning,*
Où nul regret ne se lamente,	*In which no sorrow is lamented,*
Où vibre un espoir incertain.	*In which an uncertain hope vibrates.*
Notre amour est chose sacrée,	*Our love is a sacred thing,*
Comme les mystères des bois,	*Like the mysteries of the woods,*
Où tressaille une âme ignorée,	*Where an unknown soul is throbbing,*
Où les silences ont des voix.	*Where silences have voices.*
Notre amour est chose infinie,	*Our love is an infinite thing.*
Comme les chemins des couchants,	*Like the paths of sunsets,*
Où la mer, aux cieux réunie,	*Where the sea, reunited with the skies,*
S'endort sous les soleils penchants.	*Falls asleep under the suns that lean over.*
Notre amour est chose éternelle,	*Our love is an eternal thing,*
Comme tout ce qu'un dieu vainqueur	*Like everything that a conquering god*
A touché du feu de son aile,	*Has touched with the fire of his wing,*
Comme tout ce qui vient du coeur.	*Like everything that comes from the heart.*

nul re-gret ne se la-men - te, Où vibre un es-poir in-cer-tain. Notre a -

mour est cho - se char-man - te!

Notre a-mour est cho - se sa-cré - e, Com-me les mys-tè - res des bois, Où tres-

saille une âme ig-no-ré - e, Où les si-len-ces ont des voix. Notre a -

mour est cho - se sa - cré - e! _____

dolce
Notre a - mour est chose in - fi - ni - e, Com - me les che-mins des cou-chants,

Où la mer, aux cieux ré - u - ni - e, S'en - dort sous les so - leils pen-chants.

crescendo
Notre a - mour est chose é - ter - nel - le,

* This optional note originated with the composer.

Le secret

1880-81
poem by Armand Silvestre

Op. 23, no. 3. Dedicated to Mademoiselle Alice Boissonnet. Published by Hamelle, 1881; second collection, no. 9; London, Metzler, 1897. First performance Société nationale de musique, January 1883, André Quirot, bass.

Le secret	*The secret*
Je veux que le matin l'ignore	*I want the morning not to know*
Le nom que j'ai dit à la nuit,	*The name that I told to the night,*
Et qu'au vent de l'aube, sans bruit,	*And that in the wind of dawn, noiselessly,*
Comme une larme il s'évapore.	*Like a tear it should evaporate.*
Je veux que le jour le proclame	*I want the day to proclaim*
L'amour qu'au matin j'ai caché	*The love that I hid from the morning,*
Et sur mon cœur ouvert penché	*And that, leaning over my open heart,*
Comme un grain d'encens, il l'enflamme.	*It should set it on fire like a grain of incense.*
Je veux que le couchant l'oublie	*I want the sunset to forget*
Le secret que j'ai dit au jour,	*The secret that I told to the day,*
Et l'emporte avec mon amour,	*And carry it away with my love,*
Aux plis de sa robe pâlie!	*In the folds of its pale dress!*

Chanson d'amour

1882
poem by Armand Silvestre

Op. 27, no.1.   Dedicated to Mademoiselle Jane Huré. Published by Hamelle, 1882; second collection, no.10.   First performance, Société nationale de musique, December 9, 1882, Jane Huré, soprano. Fauré lengthened Silvestre's poem by using the first four lines as a refrain.

Chanson d'amour

J'aime tes yeux, j'aime ton front,
O ma rebelle, ô ma farouche,
J'aime tes yeux, j'aime ta bouche
Où mes baisers s'épuiseront.

J'aime ta voix, j'aime l'étrange
Grâce de tout ce que tu dis,
O ma rebelle, ô mon cher ange,
Mon enfer et mon paradis!

J'aime tout ce qui te fait belle,
De tes pieds jusqu'à tes cheveux,
O toi vers qui montent mes voeux,
O ma farouche, ô ma rebelle!

Song of Love

I love your eyes, I love your forehead,
O my rebellious one, o my fierce one,
I love your eyes, I love your mouth
Where my kisses will exhaust themselves.

I love your voice, I love the strange
Grace of everything you say,
O my rebellious one, o my dear angel,
My hell and my paradise!

I love everything that makes you beautiful,
From your feet to your hair,
O you, toward whom all my wishes rise up,
O my fierce one, my rebellious one!

rouche, ô ma re - bel - le! J'ai - me tes yeux, j'ai - me ton front,

O ma re-belle, ô ma fa - rou - che, J'ai - me tes yeux, j'ai - me ta bou - che

Où mes bai-sers s'é-pui-se - ront. Où mes bai-sers s'é-pui-se - ront.

Aurore

1884
poem by Armand Silvestre

Op. 39, no. 1 Dedicated to Madame Henriette Roger-Jourdain. Published by Hamelle, 1885; second collection, no. 12.
First performance, Société nationale de musique, December 13, 1884, Marguerite Mauvernay.

Aurore	*Dawn*
Des jardins de la nuit s'envolent les étoiles	*From the gardens of night the stars are flying away,*
Abeilles d'or qu'attire un invisible miel,	*Golden bees attracted by an invisible honey,*
Et l'aube, au loin tendant la candeur de ses toiles,	*And the dawn, extending the whiteness of its cloth in the distance,*
Trame de fils d'argent le manteau bleu du ciel.	*Weaves with sliver threads the blue cloak of the sky.*
Du jardin de mon cœur qu'un rêve lent enivre	*From the garden of my heart intoxicated by a slow dream*
S'envolent mes désirs sur les pas du matin,	*My desires fly away upon the steps of morning,*
Comme un essaim léger qu'à l'horizon de cuivre	*Like a light swarm called in the copper horizon*
Appelle un chant plaintif, éternel et lointain.	*By a plaintive, eternal and faraway song.*
Ils volent à tes pieds, astres chassés des nues,	*They fly to your feet, those stars chased from the clouds,*
Exilés du ciel d'or où fleurit ta beauté	*Exiled from the golden sky where your beauty flourishes*
Et, cherchant jusqu'à toi des routes inconnues,	*And, seeking unknown paths toward you,*
Mêlent au jour naissant leur mourante clarté.	*Mingle their dying light with the dawning day.*

Fleur jetée

1884

poem by Armand Silvestre

Op. 39, no. 2. Dedicated to Madame Jules Gouin. Published by Hamelle, 1885; second collection, no.13. First performance, Société nationale de musique, December 13, 1884, Marguerite Mauvernay.

Fleur jetée	*Castoff flower*
Emporte ma folie	*Carry away my madness*
Au gré du vent,	*At the pleasure of the wind,*
Fleur en chantant cueillie	*Flower gathered while singing*
Et jetée en rêvant.	*And thrown away while dreaming.*
—Emporte ma folie	*—Carry away my madness*
Au gré du vent!	*At the pleasure of the wind!*
Comme la fleur fauchée	*Like the mown flower*
Périt l'amour.	*Love perishes,*
La main qui t'a touchée	*The hand that touched you*
Fuit ma main sans retour	*Shuns my hand forever.*
—Comme la fleur fauchée,	*—Like the mown flower*
Périt l'amour!	*Love perishes!*
Que le vent qui te sèche,	*May the wind that dries you out,*
O pauvre fleur,	*O poor flower,*
Tout à l'heure si fraîche	*So fresh a little while ago,*
Et demain sans couleur!	*And tomorrow with no color,*
—Que le vent qui te sèche,	*—May the wind that dries you out,*
Sèche mon coeur!	*Dry out my heart!*

ché - - - - e, Pé - rit l'a - mour! _____

_ La main qui t'a tou-

ché - - e Fuit ma main sans re - tour. _____

Que le

vent _____ qui te sè - che, O pau - vre fleur,

Tout à l'heu - re si fraî - che

Et de - main sans cou - leur! _____ Que le

vent _____ qui te sè - che, O _____ pau - vre

Les roses d'Ispahan

1884

poem by Leconte de Lisle

Op. 39, no. 4. Dedicated to Mademoiselle Louise Collinet. Published by Hamelle, 1885; second collection, no. 15. First performance, Société nationale de musique, December 27, 1884, Thérèse Guyon. First performance with Fauré's orchestration, Aix-les-Bains, August 1891, conductor Edouard Colonne. "Les Roses d'Ispahan" was composed to pair with "Aurore," the first song of the opus. Fauré omitted two lines from the original poem.

Les roses d'Ispahan

Les roses d'Ispahan dans leur gaîne de mousse,
Les jasmins de Mossoul, les fleurs de l'oranger
Ont un parfum moins frais, ont une odeur moins douce,
O blanche Leïlah! que ton souffle léger.

Ta lèvre est de corail, et ton rire léger
Sonne mieux que l'eau vive et d'une voix plus douce,
Mieux que le vent joyeux qui berce l'oranger,
Mieux que l'oiseau qui chante au bord d'un nid de mousse. [...]

O Leïlah! depuis que de leur vol léger
Tous les baisers ont fui de ta lèvre si douce,
Il n'est plus de parfum dans le pâle oranger,
Ni de céleste arôme aux roses dans leur mousse.

Oh! que ton jeune amour, ce papillon léger,
Revienne vers mon cœur d'une aile prompte et douce,
Et qu'il parfume encor la fleur de l'oranger,
Les roses d'Ispahan dans leur gaîne de mousse!

The roses of Isfahan

The roses of Isfahan in their sheath of moss,
The jasmines of Mosul, the flowers of the orange tree
Have a scent less fresh, have an aroma less sweet,
O fair Leilah, than your soft breath!

Your lips of coral, and your soft laughter
Sounds better than flowing water and with sweeter voice,
Better than the joyful wind that rocks the orange tree,
Better than the bird singing on the edge of a mossy nest.

O Leilah! Ever since with their light soaring
All the kisses have fled from your lips so sweet
There is no more scent in the pale orange tree,
Nor celestial aroma from the roses in their moss.

Oh! May your young love, that light butterfly,
Come back toward my heart on a speedy and gentle wing,
And may it again scent the flower of the orange tree,
The roses of Isfahan in their sheath of moss!

sers ont fui _____ de ta lè - vre si dou - ce, _____

Il n'est plus de par - fum dans le pâle o - ran - ger, Ni de cé-leste a-

rô - me aux ro - ses dans leur mous - se. _____

Oh! que ton jeune amour, ce pa-pil-lon lé - ger, Re - vien-ne vers mon cœur d'une ai - le prompte et

dou - ce, Et qu'il par-fume en - cor la fleur de l'o-ran-

ger, Les ro - ses d'Is-pa-han dans leur gaî - ne de mous -

se.

Clair de lune

1887
poem by Paul Verlaine

Op. 46, no.2. Dedicated to Monsieur Emmanuel Jadin. Published by Hamelle, 1888; second collection, no.19; London, Metzler, 1897. With orchestra, by the composer 1888. First performance, Société nationale de musique, April 1888, Marice Bagès, tenor, with orchestra. "Clair de lune" is found in Paul Verlaine's collection of poetry entitled *Fêtes galantes*. "Clair de lune" was also part of *Masques et bergamasques*, which was a musical comedy in one act, words by René Fauchois. The program notes by Fauchois read:

The story of "Masques" is very simple. The characters Harlequin, Gilles and Colombine, whose task is usually to amuse the aristocratic audience, take their turn at being spectators at a 'fête galante' on the island of Cythera. The lords and ladies who as a rule applaud their efforts now unwittingly provide them with entertainment by their coquettish behaviour. (Nectoux p.336)

The first performance of *Masques et bergamasques* was April 10, 1919 in Monte Carlo, conducted by Léon Jehin.
The movements are as follows: 1 Ouverture, 2 Pastorale, 3 Madrigal, 4 Le plus doux chemin (song, op. 87, no.1, Silverstre), 5 Menuet, 6 Clair de lune (song, op. 46, no.2, Verlaine), 7 Gavotte, 8 Pavane

Clair de lune	*Moonlight*
Votre âme est un paysage choisi	*Your soul is a select landscape*
Que vont charmant masques et bergamasques	*That is being charmed by maskers and bergamasks,* [1]
Jouant du luth et dansant et quasi	*Playing the lute and dancing and almost*
Tristes sous leurs déguisements fantasques.	*Sad under their whimsical disguises.*
Tout en chantant sur le mode mineur	*Although singing in a minor key*
L'amour vainqueur et la vie opportune,	*Of conquering love and seasonable life,*
Ils n'ont pas l'air de croire à leur bonheur	*They do not seem to believe in their happiness*
Et leur chanson se mêle au clair de lune,	*And their song mingles with the moonlight,*
Au calme clair de lune triste et beau,	*In the calm, sad and beautiful moonlight,*
Qui fait rêver les oiseaux dans les arbres	*That makes the birds dream in the trees*
Et sangloter d'extase les jets d'eau,	*And the fountains sob with rapture,*
Les grands jets d'eau sveltes parmi les marbres.	*The big slender fountains amidst the marble statues.*

[1] Although the term "bergamask" normally refers to a dance, Verlaine was apparently thinking of those characters of the Italian comedy, such as Harlequin, who spoke in the dialect of Bergamo.

Votre âme est un pa-y-sa-ge choi-si

Que vont char-mant mas - ques et ber-ga-mas - ques ____

Larmes

1888
poem by Jean Richepin

Op. 51, no. 1. Dedicated to Madame la princesse Edmond de Polignac née Winnareta Singer (daughter of Isaac Singer of the Singer Sewing Machine Co.). Published by Hamelle, 1888, second collection, no. 20, later third collection, no. 1.

Larmes	*Tears*
Pleurons nos chagrins, chacun le nôtre,	*Let us weep over our sorrows, each for our own.*
Une larme tombe, puis une autre.	*One tear falls, then another.*
Toi, qui pleures-tu? ton doux pays,	*For whom are <u>you</u> weeping? For your sweet country,*
Tes parents lointains, ta fiancée.	*Your faraway parents, your fiancée.*
Moi, mon existence dépensée	*<u>I</u> weep for my existence, consumed*
En voeux trahis!	*In betrayed love!*
Pleurons nos chagrins, chacun le nôtre,	*Let us weep over our sorrows, each for our own.*
Une larme tombe, puis une autre.	*One tear falls, then another.*
Semons dans la mer ces pâles fleurs	*Let us strew these pale flowers in the sea.*
A notre sanglot qui se lamente	*To our lamenting moan*
Elle répondra par la tourmente	*It will respond with the torment*
Des flots hurleurs.	*Of the howling waves.*
Pleurons nos chagrins, chacun le nôtre;	*Let us weep over our sorrows, each for our own.*
Une larme tombe, puis une autre.	*One tear falls, then another.*
Peut-être toi-même, ô triste mer,	*Perhaps you yourself, o sad sea,*
Mer au goût de larme âcre et salée,	*Sea with the taste of an acrid, salty tear,*
Es-tu de la terre inconsolée	*Are, from the unconsoled land,*
Le pleur amer!	*The bitter tear!*

rons nos cha-grins, cha-cun le nô - tre, U - ne

lar - me tom - be, puis une au - tre.

Toi, qui pleu - res - tu?

ton doux pa - ys, _____ Tes pa-rents loin-

dra par la tour - men - te Des flots hur -

leurs. Pleu -

rons nos cha - grins, cha - cun le nô - tre;

U - ne lar - me tom - be,

tu ... de la terre ... in - con - so -

lé - - - e ... Le pleur a -

mer!

molto dimin.

pp

8va

Au cimetiére

1888
poem by Jean Richepin

Op. 51, no. 2. Dedicated to Madame Maurice Sulzbach. Publishec by Hamelle, 1888; second collection, no. 21, later third collection, no. 2. First performance, Société nationale de musique, February 2, 1889, Maurice Bagès, tenor.

Au cimetière	*In the Cemetery*

Heureux qui meurt ici,
    Ainsi
Que les oiseaux des champs!
Son corps près des amis,
    Est mis
Dans l'herbe et dans les chants.
	Happy is the man who dies here
	    Just like
	The birds of the fields!
	His body, near friends,
	    Is put
	Into the grass and into songs.

Il dort d'un bon sommeil
    Vermeil,
Sous le ciel radieux.
Tous ceux qu'il a connus,
    Venus,
Lui font des longs adieux.
	He sleeps with a good
	    Rosy slumber
	Under the radiant sky.
	All those he has known,
	    Having come,
	Bid him long farewells.

A sa croix les parents
    Pleurants,
Restent agenouillés,
Et ses os sous les fleurs,
    De pleurs
Sont doucement mouillés.
	At his cross the relatives,
	    Weeping,
	Remain kneeling;
	And his bones, under the flowers,
	    With tears
	Are gently moistened.

Chacun sur le bois noir,
    Peut voir
S'il était jeune ou non,
Et peut avec de vrais
    Regrets,
L'appeler par son nom.
	Everyone, upon the black wooden marker,
	    Can see
	Whether he was young or not,
	And can, with true
	    Regret,
	Call him by his name.

Combien plus malchanceux
    Sont ceux
Qui meurent à la mé
Et sous le flot profond
    S'en vont
Loin du pays aimé!
	How much more unlucky
	    Are those
	Who die at sea,
	And under the deep wave
	    Go far away
	From the beloved country!

Ah! pauvres! qui pour seuls
    Linceuls
Ont les goémons verts,
Où l'on roule inconnu,
    Tout nu,
Et les yeux grands ouverts!
	Ah! Poor men! who for their only
	    Shrouds
	Have the green seaweed,
	Where one rolls, unknown,
	    Stark naked,
	And one's eyes wide open!

Lui font des longs a - dieux. __ A sa croix les pa - rents pleu-rants,

simile

Res - tent a - ge - nouil - lés. Et ses os, sous les fleurs, de pleurs

Sont dou - ce - ment mouil - lés. __ Cha - cun sur le bois noir, Peut voir s'il

é - tait jeune ou non, Et peut, a - vec de vrais re - grets, L'ap - pe -

Spleen

1888
poem by Paul Verlaine

Op. 51, no. 3. Dedicated to Madame Henri Cochin. Published by Hamelle, 1888; second collection, no. 22, later third collection, no. 3. The word "spleen" comes from Paul Verlaine's collection of poetry entitled *Romances sans paroles*. Spleen is defined as melancholy or boredom in the French language.

Spleen [original poem untitled]	*Spleen*
Il pleure dans mon coeur Comme il pleut sur la ville; Quelle est cette langueur Qui pénètre mon coeur?	*There is weeping in my heart* *As there is rain over the city;* *What is this listlessness* *That is penetrating my heart?*
O bruit doux de la pluie Par terre et sur les toits! Pour un coeur qui s'ennuie O le chant de la pluie!	*O gentle sound of the rain* *On the ground and on the roofs!* *For a heart feeling boredom* *O the song of the rain!*
Il pleure sans raison Dans mon coeur qui s'écoeure. Quoi! nulle trahison?... Mon deuil est sans raison.	*There is weeping for no reason* *In my disgusted heart.* *What! no betrayal?...* *My grieving is for no reason.*
C'est bien la pire peine De ne savoir pourquoi Sans amour et sans haine Mon coeur a tant de peine!	*It is indeed the worst sorrow* *Not to know why* *Without love and without hatred* *My heart has so much sorrow!*

pleut   sur la   vil -   le; _____   Quelle

est   cet - te lan - gueur   qui pé - nè - tre mon

cœur? _____   O bruit

doux   de la pluie   Par terre et   sur   les   toits! _____

* "ce" in original poem, apparently changed by the composer.

* "Ce" in original poem, apparently changed by the composer.

mour et sans hai - - ne

Mon cœur a tant de pei - ne!

La rose

c1889-90?
poem by Leconte de Lisle

Op. 51, no. 4. (The opus number was added at the request of Fauré by his publisher, Hamelle, in 1896; see Preface for further information.) Dedicated to Monsieur Maurice Bagès. Published by Hamelle, 1890; second collection, no. 23, later third collection, no. 4. Subtitled "Ode anacréontique."

La rose	The rose
Je dirai la rose aux plis gracieux.	*I shall tell of the rose with graceful folds.*
La rose est le souffle embaumé des Dieux,	*The rose is the fragrant breath of the Gods,*
Le plus cher souci des Muses divines.	*The dearest concern of the divine Muses.*
Je dirai ta gloire, ô charme des yeux,	*I shall tell of your glory, o charm of the eyes,*
O fleur de Kypris, reine des collines!	*O flower of Cypris, queen of the hills!*
Tu t'épanouis entre les beaux doigts	*You blossom between the beautiful fingers*
De l'Aube écartant les ombres moroses;	*Of the Dawn dispelling the gloomy shadows;*
L'air bleu devient rose, et roses les bois;	*The blue sky and the woods turn rosy;*
La bouche et le sein des vierges sont roses!	*The mouths and bosoms of the maidens are rosy!*
Heureuse la vierge aux bras arrondis	*How happy the maiden with round arms*
Qui dans les halliers humides te cueille!	*Who gathers you in the damp thickets!*
Heureux le front jeune où tu resplendis!	*How happy the young forehead where you shine!*
Heureuse la coupe où nage ta feuille!	*How happy the cup where your leaf is floating!*
Ruisselante encor du flot paternel,	*When, still glistening from the fatherly waves,*
Quand de la mer bleue Aphrodite éclose	*From the blue sea Aphrodite emerged*
Étincela nue aux clartés du ciel,	*And sparkled naked in the light of the sky,*
La Terre jalouse enfanta la rose;	*The jealous Earth gave birth to the rose,*
Et l'Olympe entier, d'amour transporté,	*And all Olympus, transported with love,*
Salua la fleur avec la Beauté!	*Greeted the flower together with Beauty!*

rose est le souffle em-bau-mé des Dieux, Le plus cher sou-ci des Mu - ses di -

vi - nes. Je di - rai ta gloire, ô char - me des yeux, O

fleur de Ky-pris, rei-ne des col - li - nes! _____ Tu t'é - pa - nou-is en-tre les beaux doigts de l'Aube _____ é - car - tant les om - bres mo - ro _____ ses;

L'air bleu de-vient rose, et ro - se les bois; La bouche et le sein des vier - ges sont

ro - ses! Heu - reu - se la vierge aux bras ar-ron - dis _____ Qui dans les hal - liers hu - mi - des te cueil - le! Heu - reux le front jeune où

tu re - splen - dis! Heu - reu - se la coupe où na - ge ta feuil - le! _____

Ruis - se - lante en - cor du

Chanson
1889
poem by d'Edmond Haraucourt

Op. 57, no. 1. Shylock, incidental music for the play by Edmond Haraucourt, based on Shakespeare's play, *The Merchant of Venice*, for tenor solo and orchestra, op. 57. Dedicated to Monsieur Paul Porel. Published by Hamelle, 1897. First performance, with small orchestra, at the Théâtre de l'Odéon, December 17, 1889, conducted by Gabriel Fauré. In concert with full orchestra, Société nationale de musique, May 17, 1890, Monsieur Leprestre, tenor, conducted by Fauré.

Chanson	*Song*
Oh! les filles! Venez, les filles aux voix douces!	*O girls! Come, girls with sweet voices!*
C'est l'heure d'oublier l'orgueil et les vertus,	*This is the time to forget pride and virtues,*
Et nous regarderons éclore dans les mousses,	*And we shall watch, opening up in the moss,*
La fleur des baisers défendus.	*The flower of forbidden kisses.*
Les baisers défendus, c'est Dieu qui les ordonne	*It is God who ordains those forbidden kisses.*
Oh! les filles! Il fait le printemps pour les nids,	*O girls! He makes the spring for nests,*
Il fait votre beauté pour qu'elle nous soit bonne,	*He makes your beauty so that it may be good for us,*
Nos désirs pour qu'ils soient unis.	*Our desires so that they may be united.*
Oh! filles! Hors l'amour rien n'est bon sur la terre,	*O girls! Apart from love nothing on earth is good,*
Et depuis les soirs d'or jusqu'aux matins rosés	*And from the golden evenings to the rosy mornings,*
Les morts ne sont jaloux, dans leur paix solitaire,	*The dead are jealous, in their solitary peace,*
Que du murmure des baisers!	*Only of the soft sound of kisses!*

l'heu-re d'ou - bli-er _____ l'or-gueil et les ver-tus, _____ Et nous re-gar - der-ons é-clo - re

dans les mous - ses, La fleur des bai-sers dé - fen - dus.

Les bai-sers dé - fen - dus, _____ c'est Dieu qui les or - don - ne _____

Oh! les fil - les! Il fait le prin - temps _____ pour les

nids, _____ Il fait vo - tre beau - té pour qu'el - le nous soit

bon - ne, _____ Nos dé - sirs _____ pour qu'ils soient u -

nis. _____ Oh! fil -

- les! Hors l'a - mour rien n'est bon sur la ter - re, _____

Madrigal

1889
poem by d'Edmond Haraucourt

Op. 57, no. 2. Shylock, incidental music for the play by Edmond Haraucourt, based on Shakespeare's play, *The Merchant of Venice*, for tenor solo and orchestra, op. 57. Dedicated to Monsieur Paul Porel. Published by Hamelle, 1897. First performance, with small orchestra, at the Théâtre de l'Odéon, December 17, 1889, conducted by Fauré. In concert with full orchestra, Société nationale de musique, May 17, 1890, Monsieur Leprestre, tenor, conducted by Fauré.

Madrigal	*Madrigal*
Celle que j'aime a de beauté	*The woman I love has more beauty*
Plus que Flore et plus que Pomone,	*Than Flora and more than Pomona,*
Et je sais, pour l'avoir chanté,	*And I know, for having sung of this,*
Que sa bouche est le soir d'automne,	*That her mouth is the autumn evening*
Et son regard la nuit d'été.	*And her glance the summer night.*
Pour marraine elle eut Astarté,	*For godmother she had Astarte,*
Pour patronne elle a la Madone,	*For patron saint she has the Madonna,*
Car elle est belle autant que bonne	*For she is beautiful as well as good,*
Celle que j'aime.	*The woman I love.*
Elle écoute, rit et pardonne,	*She listens, laughs and forgives,*
N'écoutant que par charité:	*Listening only out of charity:*
Elle écoute, mais sa fierté	*She listens, but her pride*
N'écoute ni moi ni personne,	*Listens neither to me nor to anyone,*
Et rien encore n'a tenté	*And nothing has yet tempted*
Celle que j'aime.	*The woman I love.*

En prière

1890
poem by Stéphan Bordèse

Originally for voice and organ. Dedicated to Madame Leroux-Ribeyre. Piano and voice published by Hamelle, second collection, no. 16; London, Metzler, 1897. Orchestrated by Fauré in 1890.

En prière	In prayer
Si la voix d'un enfant peut monter jusqu'à Vous, O mon Père, Écoutez de Jésus devant Vous à genoux, La prière!	*If the voice of a child can rise up to You,* *O my Father,* *From Jesus before You on his knees, listen* *To the prayer!*
Si Vous m'avez choisi pour enseigner vos lois Sur la terre, Je saurai Vous servir, auguste Roi des Rois, O Lumière!	*If you have chosen me to teach Your law* *Upon earth,* *I will know how to serve You, august King of Kings,* *O Light!*
Sur mes lèvres, Seigneur, mettez la vérité Salutaire, Pour que celui qui doute, avec humilité Vous révère!	*Upon my lips, Lord, put the truth* *That gives salvation,* *In order that he who doubts, with humility* *May revere You!*
Ne m'abandonnez pas, donnez-moi la douceur Nécessaire, Pour apaiser les maux, soulager la douleur, La misère!	*Do not abandon me, give me the gentleness* *Necessary* *To alleviate misfortunes, to relieve pain* *And wretchedness!*
Révélez-vous à moi, Seigneur en Qui je crois Et j'espère: Pour Vous je veux souffrir et mourir sur la croix, Au calvaire!	*Reveal Yourself to me, Lord in Whom I believe* *And I hope:* *For You I want to suffer and die on the cross,* *At Calvary!*

sur le 1er et le 3e temps de chaque mesure

Vous, O mon Pè - re, _____ É - cou - tez de Jé -

legato sempre

sus de - vant Vous à ge - noux, La pri - è - re!

Si Vous m'a - vez choi - si pour en - sei - gner vos lois Sur la

ter - re, Je sau - rai Vous ser - vir, au - gus - te Roi des

cresc.

Cinq mélodies 'de Venise'

Mandoline

1891
poem by Paul Verlaine

Op. 58. Dedicated to Madame la princesse Edmond de Polignac. Published by Hamelle, 1891; third collection, nos. 7-11. First performance, Société nationale de musique, April 2, 1892. "Mandoline" was orchestrated by Florent Schmitt. Fauré began composing this set while staying at the palazzo of Madame la princesse Edmond de Polignac, in Venice. "Mandoline," "En sourdine," and "A Clymène" are from Verlaine's collection of poems entitled *Fêtes galantes*. "Green" and "C'est l'extase" come from his collection *Romances sans paroles*. In "Mandoline" the names (the first two are derived from classical pastoral poetry), were commonly used for young lovers in French comedy of the seventeenth and eighteenth centuries.

Cinq mélodies 'de Venise'

Five Songs from Venice

Mandoline

Mandolin

Les donneurs de sérénades
Et les belles écouteuses
Échangent des propos fades
Sous les ramures chanteuses.

The men who give serenades
And the lovely ladies who listen to them
Exchange insipid remarks
Under the singing branches.

C'est Tircis et c'est Aminte,
Et c'est l'éternel Clitandre,
Et c'est Damis qui pour mainte
Cruelle fait maint vers tendre.

It is Tircis and it is Aminte,
And it is the eternal Clitandre,
And it is Damis who for many a
Cruel woman writes many a tender poem.

Leurs courtes vestes de soie,
Leurs longues robes à queue,
Leur élégance, leur joie
Et leurs molles ombres bleues

Their short silken jackets,
Their long dresses with trains,
Their elegance, their joy
And their soft blue shadows

Tourbillonnent dans l'extase
D'une lune rose et grise,
Et la mandoline jase
Parmi les frissons de brise.

Are swirling in the rapture
Of a pink and gray moon,
And the mandolin is chattering
Amidst the shiverings of the breeze.

* "fit" in previous editions; "fait" is true to original poem

Et leurs mol - les om - bres bleues _____

Tour - bil-lon - nent dans l'ex - ta - se D'u - ne lu - ne rose et

gri - se, Et la man - do - li - ne

original key: E-flat major

En sourdine

1891
poem by Paul Verlaine

Op. 58. See "Mandoline" for notes on the entire song cycle, *Cinq mélodies 'de Venise'*.

En sourdine	*Muted*
Calmes dans le demi-jour	*Calm in the half-light*
Que les branches hautes font,	*Made by the high branches,*
Pénétrons bien notre amour	*Let us fully imbue our love*
De ce silence profond.	*With this profound silence.*
Fondons* nos âmes, nos coeurs	*Let us blend our souls, our hearts*
Et nos sens extasiés,	*And our enraptured senses,*
Parmi les vagues langueurs	*Amidst the vague languor*
Des pins et des arbousiers.	*Of the pines and the arbutus.*
Ferme tes yeux à demi,	*Close your eyes halfway,*
Croise tes bras sur ton sein,	*Cross your arms over your breast,*
Et de ton coeur endormi	*And from your sleeping heart*
Chasse à jamais tout dessein.	*Chase all purpose away forever.*
Laissons-nous persuader	*Let us be persuaded*
Au souffle berceur et doux	*By the rocking, sweet breath*
Qui vient à tes pieds rider	*That comes to your feet to wrinkle*
Les ondes de gazon roux.	*The waves of russet grass.*
Et quand, solennel, le soir	*And when, solemnly, the evening*
Des chênes noirs tombera,	*Falls from dark oak trees,*
Voix de notre désespoir,	*Voice of our despair,*
Le rossignol chantera.	*The nightingale will sing.*

* "Fondons" in the original poem, apparently changed by Fauré; the verbs are similar in meaning

176

Et de ton cœur en - dor - mi   Chasse à ja -

mais tout des - sein. _____

Lais - sons - nous per - su - a - der _____   Au

178

souf - fle ber - ceur et doux   Qui

vient, à tes pieds ri - der Les on - des des*

ga - zons roux.

* "de" in original poem, changed by Fauré

original key: G-flat major

Green

1891
poem by Paul Verlaine

Op. 58. See "Mandoline" for notes on the entire song cycle, *Cinq mélodies 'de Venise'*.

Green

Voici des fruits, des fleurs, des feuilles et des branches
Et puis voici mon coeur qui ne bat que pour vous.
Ne le déchirez pas avec vos deux mains blanches
Et qu'à vos yeux si beaux l'humble présent soit doux.

J'arrive tout couvert encore de rosée
Que le vent du matin vient glacer à mon front.
Souffrez que ma fatigue un instant reposée
Rêve des chers instants qui la délasseront.

Sur votre jeune sein laissez rouler ma tête
Toute sonore encor de vos derniers baisers;
Laissez-la s'apaiser de la bonne tempête,
Et que je dorme un peu puisque vous reposez.

Green

Here are fruits, flowers, leaves and branches
And then here is my heart that beats only for you.
Do not tear it with your two white hands
And may the humble present be sweet to your eyes so lovely.

I arrive still covered all over with dew
Which the morning wind comes to chill on my forehead.
Allow my fatigue, once rested an instant
To dream of the dear instants that will refresh it.

On your young bosom let my head roll
Still resounding with your last kisses;
Let it calm down from the good storm,
And may I sleep a little since you are resting.

vert en - co - re de ro - sé - e Que le

vent du ma - tin vient gla - cer à mon front._____ Souf -

frez que ma fa - tigue un ins - tant* re - po - sé - e

* In the original poem "un instant" is replaced by "à vos pieds." The change appears to be deliberate by the composer.

A Clymène
1891
poem by Paul Verlaine

Op. 58. See "Mandoline" for notes on the entire song cycle, *Cinq mélodies 'de Venise'*.

A Clymène	To Clymene
Mystiques barcarolles,	*Mystical barcarolles,*
Romances sans paroles,	*Songs without words,*
Chère, puisque tes yeux,	*Dear one, since your eyes,*
Couleur des cieux,	* The color of the skies,*
Puisque ta voix, étrange	*Since your voice, a strange*
Vision qui dérange	*Vision that disturbs*
Et trouble l'horizon	*And troubles the horizon*
De ma raison,	* Of my reason,*
Puisque l'arome insigne	*Since the remarkable aroma*
De ta pâleur de cygne,	*Of your swanlike paleness,*
Et puisque la candeur	*And since the guilelessness*
De ton odeur,	* Of your smell,*
Ah! puisque tout ton être,	*Ah! Since your whole being,*
Musique qui pénètre,	*A penetrating music,*
Nimbes d'anges défunts,	*Haloes' of defunct angels,*
Tons et parfums,	* Sounds and perfumes,*
A, sur d'almes cadences,	*Has, on nourishing cadences,*
En ses correspondances	*In its correspondences*
Induit mon cœur subtil,	*Tempted my discerning heart,*
Ainsi soit-il!	* So be it!*

* "pour que" in previous editions, an obvious mistake; "puisque" is necessary to the poem's flow and structure

duit   mon   cœur _____ sub - til, _____

sempre **p**

Ain - si _____ soit - il! _____

pp

C'est l'extase

1891
poem by Paul Verlaine

Op. 58. See "Mandoline" for notes on the entire song cycle, *Cinq mélodies 'de Venise'.*

C'est l'extase	*It Is Ecstasy*
C'est l'extase langoureuse,	*It is langourous ecstasy,*
C'est la fatigue amoureuse,	*It is amorous fatigue,*
C'est tous les frissons des bois	*It is all the shivers of the woods*
Parmi l'étreinte des brises,	*Amidst the embrace of the breezes,*
C'est, vers les ramures grises,	*It is, toward the gray branches,*
Le choeur des petites voix.	*The chorus of little voices.*
O le frêle et frais murmure!	*O the fragile and cool murmur!*
Cela gazouille et susurre,	*It warbles and whispers,*
Cela ressemble au bruit doux	*It resembles the gentle cry*
Que l'herbe agitée expire...	*That the stirring grass exhales...*
Tu dirais, sous l'eau qui vire,	*It sounds like, under the water sweeping round,*
Le roulis sourd des cailloux.	*The muffled rolling of the pebbles.*
Cette âme qui se lamente	*This soul that laments*
En cette plainte dormante	*In this sleeping complaint,*
C'est la nôtre, n'est-ce pas?	*It is ours, is it not?*
La mienne, dis, et la tienne,	*Mine, say, and yours,*
Dont s'exhale l'humble antienne	*From which the humble antiphon is emitted*
Par ce tiède soir, tout bas?	*Through this mild evening, very softly?*

196

* "cri" in the original poem, a deliberate change by Fauré

men - te _____

En* cet - te plain - te dor - man -

- te C'est la

* "Et" in previous editions

La bonne chanson

Une Sainte en son auréole

1892

poem by Paul Verlaine

Op.61. Dedicated to Madame Sigismond Bardac. Published by Hamelle, 1894. First performance April 25, 1894, Maurice Bagès, tenor, private concert at the house of the Comtesse Henri de Saussine. Société nationale de musique, April 20, 1895, Jeanne Remacle, soprano. String quintet and piano accompaniment by Fauré, 1898, unpublished. First performance April 1, 1898 at a private concert at the house of Frank Schuster, Maurice Bagès, tenor. Orchestrated by Maurice LeBoucher, 1933. Published by Hamelle. Fauré's inspiration for *La bonne chanson* was his love affair with Emma Bardac. Madame Bardac eventually married Claude Debussy. Fauré chose these nine poems from a collection of twenty-one poems Verlaine had written for his fiancée, Mathilde Mauté; several famous medieval princesses bore the name Mathilde.

La Bonne chanson	*The Good Song*
Une Sainte en son auréole	*A Saint in her Halo*
Une Sainte en son auréole,	*A Saint in her halo,*
Une Châtelaine en sa tour,	*A Mistress of a chateau in her tower,*
Tout ce que contient la parole	*Everything that human speech contains*
Humaine de grâce et d'amour;	*Of grace and love;*
La note d'or que fait entendre	*The golden note sounded by*
Un cor dans le lointain des bois,	*A horn far off in the woods,*
Mariée à la fierté tendre	*United with the tender pride*
Des nobles Dames d'autrefois;	*Of noble Ladies of yesteryear!*
Avec cela le charme insigne	*Together with that the remarkable charm*
D'un frais sourire triomphant	*Of a fresh triumphant smile*
Eclos dans des candeurs de cygne	*That has opened within the whiteness of a swan*
Et des rougeurs de femme-enfant;	*And the blushing of a child bride;*
Des aspects nacrés, blancs et roses,	*Pearly hues, white and pink,*
Un doux accord patricien:	*A gentle patrician harmony:*
Je vois, j'entends toutes ces choses	*I see, I hear all these things*
Dans son nom Carlovingien.	*In her Carolingian name.*[2]

Sainte en son au - ré - o - le, U - ne Cha - te -

laine en sa tour, Tout ce que con -

tient la pa - ro - le Hu - mai - ne de grâce

* "Le" in previous editions

bois, Ma - ri - ée à la fier - té

ten - dre Des no - bles Da - mes d'au - tre - fois;

A - vec ce - la _____ le charme in - si - gne D'un

Puisque l'aube grandit

1893
poem by Paul Verlaine

Op. 61. See "Une Sainte en son auréole" for notes on the entire song cycle *Le bonne chanson.*

Puisque l'aube grandit

Puisque l'aube grandit, puisque voici l'aurore,
Puisque, après m'avoir fui longtemps, l'espoir veut bien
Revoler devers moi qui l'appelle et l'implore,
Puisque tout ce bonheur veut bien être le mien, [...]

Je veux, guidé par vous, beaux yeux aux flammes douces,
Par toi conduit, ô main où tremblera ma main,
Marcher droit, que ce soit par des sentiers de mousses
Ou que rocs et cailloux encombrent le chemin; [...]

Et comme, pour bercer les lenteurs de la route,
Je chanterai des airs ingénus, je me dis
Qu'elle m'écoutera sans déplaisir sans doute;
Et vraiment je ne veux pas d'autre Paradis.

Since Dawn is Growing

Since dawn is growing, since here is the break of day,
Since, after long fleeing from me, hope agrees
To fly back toward me who call to and implore it,
Since all this happiness agrees to be mine,

I want, guided by you, lovely eyes with gentle flame,
Led by you, o hand in which my hand will tremble,
To walk straight, whether it be through paths of moss
Or whether rocks and pebbles encumber the way;

And as, in order to beguile the slowness of the journey,
I shall sing simple tunes, I tell myself
That she will probably listen to me without annoyance;
And truly I wish for no other Paradise.

210

La lune blanche

1893
poem by Paul Verlaine

Op. 61. See "Une Sainte en son auréole" for notes on the entire song cycle, *Le bonne chanson.*

La Lune blanche	*The White Moon*
La lune blanche	*The white moon*
Luit dans les bois;	*Shines in the woods;*
De chaque branche	*From every branch*
Part une voix	*There comes a voice*
Sous la ramée...	*Under the foliage...*
O bien-aimée.	*O beloved.*
L'étang reflète,	*The pool reflects,*
Profond miroir,	*Deep mirror,*
La silhouette	*The silhouette*
Du saule noir	*Of the dark willow*
Où le vent pleure...	*Where the wind weeps...*
Rêvons, c'est l'heure.	*Let us dream, it is the hour.*
Un vaste et tendre	*A vast and tender*
Apaisement	*Soothing*
Semble descendre	*Seems to descend*
Du firmament	*From the firmament*
Que l'astre irise...	*That the star makes iridiscent...*
C'est l'heure exquise.	*It is the exquisite hour.*

218

J'allais par des chemins perfides

1892
poem by Paul Verlaine

Op. 61. See "Une Sainte en son auréole" for notes on the entire song cycle, *Le bonne chanson.*

J'allais par des chemins perfides	*I Was Going Along Treacherous Roads*
J'allais par des chemins perfides,	*I was going along treacherous roads,*
Douloureusement incertain.	*Painfully uncertain.*
Vos chères mains furent mes guides.	*Your dear hands were my guides.*
Si pâle à l'horizon lointain	*So pale in the distant horizon*
Luisait un faible espoir d'aurore;	*A feeble hope of dawn was shining;*
Votre regard fut le matin.	*Your glance was the morning.*
Nul bruit, sinon son pas sonore,	*No sound, other than her loud footstep,*
N'encourageait le voyageur.	*Was encouraging the traveler.*
Votre voix me dit: «Marche encore!»	*Your voice said to me, "Keep walking!"*
Mon coeur craintif, mon sombre coeur	*My fearful heart, my gloomy heart*
Pleurait, seul, sur la triste voie;	*Was weeping, alone, on the sad path;*
L'amour, délicieux vainqueur,	*Love, that delightful conqueror,*
Nous a réunis dans la joie.	*Has reunited us in joy.*

J'ai presque peur, en vérité

1893
poem by Paul Verlaine

Op. 61. See "Une Sainte en son auréole" for notes on the entire song cycle, *Le bonne chanson.*

J'ai presque peur, en vérité	*In Truth I Am Almost Afraid*
J'ai presque peur, en vérité,	*In truth I am almost afraid,*
Tant je sens ma vie enlacée	*So much do I feel my life intertwined*
A la radieuse pensée	*With the radiant thought*
Qui m'a pris l'âme l'autre été,	*That captured my soul last summer,*
Tant votre image, à jamais chère,	*So much does your image, forever dear,*
Habite en ce coeur tout à vous,	*Live in this heart that totally belongs to you,*
Ce coeur uniquement jaloux	*This heart anxious solely*
De vous aimer et de vous plaire;	*To love you and to please you;*
Et je tremble, pardonnez-moi	*And I tremble, forgive me*
D'aussi franchement vous le dire,	*For telling you so frankly,*
A penser qu'un mot, qu'un sourire	*When I think that one word, one smile*
De vous est désormais ma loi,	*From you is henceforth my law,*
Et qu'il vous suffirait d'un geste,	*And that all it would take from you would be a gesture,*
D'une parole ou d'un clin d'oeil,	*A word or a wink,*
Pour mettre tout mon être en deuil	*To put my whole being into mourning*
De son illusion céleste.	*For the loss of its celestial illusion.*
Mais plutôt je ne veux vous voir,	*But rather I do not want to see you,*
L'avenir dût-il m'être sombre	*Even if the future were to be gloomy for me*
Et fécond en peines sans nombre,	*And fertile in numberless woes,*
Qu'à travers un immense espoir,	*Except through an immense hope,*
Plongé dans ce bonheur suprême	*Plunged into this supreme happiness*
De me dire encore et toujours,	*Of telling myself still and always,*
En dépit des mornes retours,	*In spite of bleak reversals,*
Que je vous aime, que je t'aime!	*That I love you, I love you, dear!*

sens ma vie en-la-cé - e A la ra-di-eu - se pen-sé - e Qui

m'a pris l'â - me l'autre é -té, _____ Tant votre i -

mage, à ja-mais chè - re, Ha - bite en ce coeur tout à vous, _____ Ce*

* "Mon" in the original poem, changed by Fauré, perhaps inadvertently

coeur u - ni - que - ment ja-loux De vous ai - mer ___ et de vous

plai - re; ___ Et je trem - ble, par -

don-nez-moi D'aus - si fran-che-ment vous le di - re, A pen -

* "un" in original poem, changed by Fauré, perhaps inadvertently

Avant que tu ne t'en ailles

1892
poem by Paul Verlaine

Op. 61. See "Une Sainte en son auréole" for notes on the entire song cycle, *Le bonne chanson*.

Avant que tu ne t'en ailles	*Before You Go Away*
Avant que tu ne t'en ailles,	*Before you go away,*
Pâle étoile du matin,	*Pale star of the morning, -*
—Mille cailles	*"A thousand quails*
Chantent, chantent dans le thym.—	*Are singing, singing in the thyme."*
Tourne devers le poète,	*Turn toward the poet,*
Dont les yeux sont pleins d'amour,	*Whose eyes are full of love, -*
—L'alouette	*"The lark*
Monte au ciel avec le jour.—	*Is rising into the sky with the daylight."*
Tourne ton regard que noie	*Turn your gaze that*
L'aurore dans son azur;	*The dawn is drowning in its azure hue; -*
—Quelle joie	*"What joy there is*
Parmi les champs de blé mûr!—	*Among the fields of ripe wheat!"*
Puis* fais luire ma pensée	*And make my thought shine*
Là-bas, --bien loin, oh! bien loin!	*Over there, - very far, oh! very far!*
—La rosée	*"The dew*
Gaîment brille sur le foin.—	*Is gaily glistening upon the hay."*
Dans le doux rêve où s'agite	*In the gentle dream in which*
Ma mie endormie encor...	*My beloved, still asleep, is agitated...*
—Vite, vite,	*"Quickly, quickly,*
Car voici le soleil d'or.—	*For here is the golden sun."*

ail - les, Pâle é - toi - le du ma - tin,

Allegro moderato ♩ = 96

p *cresc.*

–Mil - le cail - les chan - tent,

chan - tent dans le thym.–

f

ciel a - vec le jour.—

(8va)

Adagio ♩ = 68

Tour - ne ton re -

gard que noi - e L'au - ro - re dans son a - zur,—

Et* fais lui - - re ma pen - sé - e Là - bas, —bien loin, oh, bien loin!

* "Puis" in original poem

Donc, ce sera par un clair jour d'été

1892
poem by Paul Verlaine

Op. 61. See "Une Sainte en son auréole" for notes on the entire song cycle, *Le bonne chanson.*

Donc, ce sera par un clair jour d'été	*So It Will Be on a Clear Summer Day*
Donc, ce sera par un clair jour d'été:	*So, it will be on a clear summer day:*
Le grand soleil, complice de ma joie,	*The big sun, taking part in my joy,*
Fera, parmi le satin et la soie,	*Will make, amidst the satin and the silk,*
Plus belle encor votre chère beauté;	*Your dear beauty even more beautiful.*
Le ciel tout bleu, comme une haute tente,	*The clear blue sky, like a tall tent,*
Frissonnera somptueux à longs plis	*Sumptuous with long folds, will quiver*
Sur nos deux fronts heureux qu'auront pâlis	*Over our two foreheads that will have turned pale*
L'émotion du bonheur et l'attente;	*From the excitement of happiness and from waiting;*
Et quand le soir viendra, l'air sera doux	*And when evening comes, the air will be sweet*
Qui se jouera, caressant, dans vos voiles,	*Which will play caressingly with your veils,*
Et les regards paisibles des étoiles	*And the peaceful gaze of the stars*
Bienveillamment souriront aux époux.	*Will smile kindly on the married couple.*

eux   à   longs
plis   Sur   nos   deux
fronts   qu'au - ront   pâ -
lis   L'é - mo - ti - on   du bon - heur

dra,   l'air   se - ra   doux _____   Qui se joue -

ra,   ca - res - sant,   dans   vos   voi -

les, _____   Et

les re - gards _____   pai - si - bles   des   é -

cresc.

N'est-ce pas?

1893
poem by Paul Verlaine

Op. 61. See "Une Sainte en son auréole" for notes on the entire song cycle, *Le bonne chanson.*

N'est-ce pas?

[...] N'est-ce pas? nous irons, gais et lents, dans la voie
Modeste que nous montre en souriant l'Espoir,
Peu soucieux qu'on nous ignore ou qu'on nous voie.

Isolés dans l'amour ainsi qu'en un bois noir,
Nos deux coeurs, exhalant leur tendresse paisible,
Seront deux rossignols qui chantent dans le soir. [...]

Sans nous préoccuper de ce que nous destine
Le Sort, nous marcherons pourtant du même pas,
Et la main dans la main, avec l'âme enfantine

De ceux qui s'aiment sans mélange, n'est-ce pas?

It Not So?

Is it not so? We will go, gaily and slowly, on the
Modest path that Hope shows us as it smiles,
Caring little whether people ignore us or see us.

Isolated in love as in a dark wood,
Our two hearts, breathing out their peaceful tenderness,
Will be two nightingales singing in the evening.

Without worrying about what Fate destines for us,
We will however walk with an even pace,
And hand in hand, with the childlike soul

Of those who love one another unreservedly, is it not so?

L'Hiver a cessé

1894

poem by Paul Verlaine

Op. 61. See "Une Sainte en son auréole" for notes on the entire song cycle, *Le bonne chanson.*

L'Hiver a cessé

L'hiver a cessé: la lumière est tiède
Et danse, du sol au firmament clair.
Il faut que le coeur le plus triste cède
A l'immense joie éparse dans l'air. [...]

J'ai depuis un an le printemps dans l'âme
Et le vert retour du doux floréal,
Ainsi qu'une flamme entoure une flamme,
Met de l'idéal sur mon idéal.

Le ciel bleu prolonge, exhausse et couronne
L'immuable azur où rit mon amour.
La saison est belle et ma part est bonne
Et tous mes espoirs ont enfin leur tour.

Que vienne l'été! que viennent encore
L'automne et l'hiver! Et chaque saison
Me sera charmante, ô Toi que décore
Cette fantaisie et cette raison!

Winter Has Ended

Winter has ended: the light is mild
And is dancing, from the ground to the clear firmament.
The saddest heart must yield
To the immense joy scattered through the air.

For a year I have had spring in my soul,
And the green return of the sweet spring season,
Just as a flame surrounds a flame,
Puts more ideal on my ideal.

The blue sky prolongs, raises and crowns
The unchangeable azure where my love is laughing.
The season is beautiful and my portion is good
And all my hopes finally get their turn.

Let summer come! Let
Autumn and winter come also! And each season
Will be charming to me, o You who are adorned
By this fantasy and this reason!

24

temps   dans   l'â - - - me

25

Et   le   vert   re - tour   du

26

p

doux   flo - ré - al,   Ain -

27

poco a poco cresc.

si   qu'u - ne   flamme   en -

Arpège

1897

poem by Albert Samain

Op. 76, no.2 Dedicated to Madame Charles Dettelbach. Published in London by Metzler, 1897; Hamelle, 1897; third collection, no. 13. First performance, Société nationale de musique, April 30, 1898, Thérèse Roger, soprano.

Arpège	*Arpeggio*
L'âme d'une flûte soupire	*The soul of a flute is sighing*
Au fond du parc mélodieux;	*At the far end of the melodious park;*
Limpide est l'ombre où l'on respire	*Limpid is the shadow where one breathes in*
Ton poème silencieux,	*Your silent poem,*
Nuit de langueur, nuit de mensonge,	*Night of languor, night of lies,*
Qui poses d'un geste ondoyant	*You who set, with an undulating gesture,*
Dans ta chevelure de songe	*In your hair of dreams*
La lune, bijou d'Orient.	*The moon, that jewel of the Orient.*
Sylva, Slyvie et Sylvanire,	*Sylva, Sylvie and Sylvanire,*
Belles au regard bleu changeant,	*Beauties with a changing blue gaze,*
L'étoile aux fontaines se mire,	*The star views itself in the fountains,*
Allez par les sentiers d'argent,	*Go through the silvery path,*
Allez vite − l'heure est si brève!	*Go quickly − the hour is so short!*
Cueillir au jardin des aveux	*To gather in the garden of avowals*
Les cœurs qui se meurent du rêve	*The hearts that are dying from the dream*
De mourir parmi vos cheveux…	*Of dying amidst your hair…*

Prison

1894
poem by Paul Verlaine

Op. 83, No. 1. Published by E. Fromont, Paris, 1896, with op. 51 no. 1; London, Metzler, 1897, with op. 68 no.1; Hamelle, 1897, in: second collection, numbered op. 73, no. 1, then (1908) third collection, numbered op. 83, no. 1. From Paul Verlaine's collection *Sagesse*.

Prison
[original poem untitled]

Le ciel est, par-dessus le toit,
　　Si bleu, si calme!
Un arbre, par-dessus le toit,
　　Berce sa palme.

La cloche, dans le ciel qu'on voit,
　　Doucement tinte.
Un oiseau sur l'arbre qu'on voit
　　Chante sa plainte.

Mon Dieu, mon Dieu, la vie est là,
　　Simple et tranquille.
Cette paisible rumeur-là
　　Vient de la ville.

—Qu'as-tu fait, ô toi que voilà
　　Pleurant sans cesse,
Dis, qu'as-tu fait, toi que voilà,
　　De ta jeunesse?

Prison

The sky is, above the rooftops,
　　So blue, so calm!
A tree, above the rooftops,
　　Is rocking its branch.

The bell, in the sky that one can see,
　　Is gently tolling.
A bird in the tree that one can see
　　Is singing its lament.

My God, my God, life is out there,
　　Simple and quiet.
That peaceful hum
　　Is coming from the city.

"What have you done, you over there
　　Weeping incessantly,
Say, what have you done, you over there,
　　With your youth?"

Soir

1894
poem by Albert Samain

Op. 83, no. 2. Published by E. Fromont, Paris, 1896, numbered op. 68, no. 2; London, Metzler, 1896, numbered op. 68, no.2; Hamelle, 1897, in: second collection, numbered op. 73, no. 2, then (1908) third collection, numbered op. 83, no.2. Orchestrated by Louis Aubert.

Soir
original poem title: Elégie]

[...] Voici que les jardins de la Nuit vont fleurir.
Les lignes, les couleurs, les sons deviennent vagues.
Vois, le dernier rayon agonise à tes bagues.
Ma soeur, entends-tu pas quelque chose mourir!...

Mets sur mon front tes mains fraîches comme une eau pure,
Mets sur mes yeux tes mains douces comme des fleurs;
Et que mon âme, où vit le goût secret des pleurs,
Soit comme un lys fidèle et pâle à ta ceinture.

C'est la Pitié qui pose ainsi son doigt sur nous;
Et tout ce que la terre a de soupirs qui montent,
Il semble qu'à mon coeur enivré le racontent
Tes yeux levés au ciel si tristes et si doux.

Evening

Lo, the gardens of Night are going to flower.
The lines, the colors, the sounds are becoming vague.
See, the last ray is expiring upon your rings.
My sister, do you not hear something dying?

Place upon my forehead your hands cool as pure water,
Place upon my eyes your hands sweet as flowers;
And may my soul, in which there lives a secret taste for tears,
Be like a faithful and pale lily at your waist.

It is Pity who thus places her finger upon us;
And all that earth contains of mounting sighs,
It seems that they are told to my enraptured heart
By your eyes raised toward the sky, so sad and so gentle.

li - gnes, les cou - leurs, _____ les sons _____ de - vien - nent

va - gues. Vois, le der - nier ra - yon a - go - nise à tes

ba - gues. _____ Ma sœur, en - tends-tu pas _____

_____ quel-que cho - se mou - rir? _____ Mets sur mon

13

front tes mains fraî - ches comme une eau pu - re, Mets sur mes

15 *cresc.*

yeux tes mains dou - ces com - me des fleurs; _____ Et que mon

cresc.

17 ***p***

âme, où vit le goût se - cret des pleurs, _____ Soit _____

dolce

sem - ble qu'à mon cœur en - i - vré le ra -

con - tent Tes yeux le - vés au

ciel, _____ si tris - tes _____ et si

doux. _____

Dans la forêt de septembre

1902
poem by Catulle Mendès

Op. 85, no. 1. Dedicated to Mademoiselle Lydia Eustis. Published by Hamelle, 1902; third collection, no. 18.

Dans la forêt de septembre

Ramure aux rumeurs amollies,
Troncs sonores que l'âge creuse,
L'antique forêt douloureuse
S'accorde à nos mélancolies.

O sapins agriffés au gouffre,
Nids déserts aux branches brisées,
Halliers brûlés, fleurs sans rosées,
Vous savez bien comme l'on souffre!

Et lorsque l'homme, passant blême,
Pleure dans le bois solitaire,
Des plaintes d'ombre et de mystère
L'accueillent en pleurant, de même.

Bonne forêt! promesse ouverte
De l'exil que la vie implore,
Je viens d'un pas alerte encore
Dans ta profondeur encor verte.

Mais d'un fin bouleau de la sente
Une feuille, un peu rousse, frôle
Ma tête et tremble à mon épaule;
C'est que la forêt vieillissante,

Sachant l'hiver où tout avorte,
Déjà proche en moi comme en elle,
Me fait l'aumône fraternelle
De sa première feuille morte!

In the September Forest

Foliage with softened murmurs,
Resonant trunks hollowed by age,
The ancient sorrowful forest
Is in harmony with our melancholy.

O fir trees clinging to the abyss,
Deserted nests with broken branches,
Burned thickets, flowers without dew,
You well know how people suffer!

And when man, that pale passer-by,
Weeps in the lonely forest,
Laments of shadow and of mystery
Welcome him, similarly weeping.

Good forest! open promise
Of the exile that life implores,
I come with a step still brisk
Into your still green depth.

But from a slender birch tree by the footpath
A leaf, slightly red, brushes against
My head and trembles at my shoulder;
This means that the aging forest,

Knowing winter, in which everything fails to grow,
To be already near to me as to her,
Is bestowing brotherly alms upon me,
With its first dead leaf!

Troncs so - no - res que l'â - ge creu - se, L'an - ti - que fo - rêt____ dou - lou -

reu - se S'ac - cor - de à nos mé - lan - co - li - es. ____

O sa - pins a - grif - fés au gouf - fre, ____

Nids dé - serts aux bran - ches bri - sé - es, Hal - liers brû -

286

C'est ___ que la fo-rêt vieil-lis - san - te, Sa-chant l'hi-ver où tout a-

vor-te, Dé-jà pro-che en moi ___ comme en el - le, Me

fait l'au-mô - ne fra-ter-nel - le De sa pre-miè - re feuil - le

mor - te! ___